SAINT-DENYS GARNEAU

POÈMES CHOISIS

Jacques Brault

Né à Montréal en 1933, Jacques Brault a signé avec Benoît Lacroix l'édition critique des œuvres de Saint-Denys Garneau. Poète, il a publié aux Éditions du Noroît : *Poèmes des quatre côtés* (1975), *Vingt-quatre murmures en novembre* (1980), *Trois fois passera* précédé de *Jour et nuit* (1981), *Moments fragiles* (1984) et *Il n'y a plus de chemin* (1990). *Poèmes I* (Québec et France, Le Noroît / La Table Rase, 1986) reprend ses premiers recueils : *Mémoire, La poésie ce matin* et *L'en dessous l'admirable*. Il a aussi fait paraître de nombreux textes dans des ouvrages collectifs, anthologies et revues littéraires au Québec et à l'étranger. Il est aussi essayiste (*Alain Grandbois, Chemin faisant, La poussière du chemin*), romancier (*Agonie*) et dramaturge (*Trois partitions*). Son œuvre a reçu plusieurs distinctions, parmi lesquelles le Prix du Gouverneur général du Canada, le Prix Alain-Grandbois, le Prix Duvernay et le Prix Athanase-David. Jacques Brault enseigne la littérature à l'Université de Montréal.

Hélène Dorion

Née à Québec en 1958, Hélène Dorion a publié une douzaine d'ouvrages de poésie au Québec et à l'étranger, parmi lesquels *L'issue, la résonance du désordre* (Belgique, L'Arbre à Paroles, 1993), *Les états du relief* (Québec et France, Le Noroît / Le Dé Bleu, 1991), *Le vent, le désordre, l'oubli* (Belgique, L'Horizon vertical, 1991), *Fragments du jour* (Paris, Éditions B.-G. Lafabrie, 1990) et *Un visage appuyé contre le monde* (Québec et France, Le Noroît / Le Dé Bleu, 1990). Une rétrospective a paru en France sous le titre *La vie, ses fragiles passages* (Le Dé Bleu, 1990). Elle a aussi collaboré à des ouvrages collectifs et à des anthologies, en plus de publier des textes dans diverses revues au Québec et à l'étranger. En 1992, elle a reçu le Prix International de Poésie Aux Trois Canettes Wallonie-Bruxelles décerné au Marché de la Poésie à Paris. Hélène Dorion est directrice littéraire des Éditions du Noroît et elle collabore à la rédaction de la revue belge *Regart*.

SAINT-DENYS GARNEAU

POÈMES CHOISIS

Préface de
Jacques Brault

Choix et présentation de
Hélène Dorion

ÉDITIONS DU NOROÎT

L'ARBRE À PAROLES

ÉDITIONS PHI

Données de catalogage avant publication (Canada)

Garneau, Saint-Denys, 1912-1943
      Poèmes choisis
      (Résonance)
      ISBN 2-89018-277-0
      I. Titre. II. Collection.
PS 8513.A75A6 1993   C841'.52   C93-097230-9
PS 9513.A75A6 1993
PQ3919.2.G28A6 1993

Composition et montage : Normand Champagne

Le Noroît souffle où il veut, en partie grâce aux subventions du Ministère de la Culture du Québec et du Conseil des arts du Canada.

Dépôt légal : 3e trimestre 1993
Bibliothèque Nationale du Québec
ISBN   2-89018-277-0 (Éditions du Noroît)
ISBN   2-87962-025-2 (Éditions Phi)
1993/2292/26 (L'arbre à paroles)

DISTRIBUTION

CANADA

EN LIBRAIRIE
Diffusion Prologue inc.
1650, boul. Lionel-Bertrand
Boisbriand, Québec
J7E 4H4

AUTRES
Éditions du Noroît
1835 boul. Les Hauteurs
St-Hippolyte, (Québec)
J0R 1P0
(514) 563-1644

FRANCE / SUISSE / LUXEMBOURG

Éditions Phi
Boîte postale 66
L-6401 Echternach, Luxembourg

BELGIQUE

L'arbre à paroles
Boîte postale 12
4540 Amay, Belgique

Imprimé au Canada

PRÉFACE

par Jacques Brault

À la fin de son introduction (de la même justesse que son choix de poèmes), Hélène Dorion signale l'importance du poème *On n'avait pas fini* dont le texte est resté à l'état d'ébauche. Les redites et les incohérences ne sont pas le seul fait de l'inachèvement. Saint-Denys Garneau esquisse à larges traits, sur un rythme haletant (perceptible par la diction à haute voix), la hantise où tremblent de concert sa poésie et sa poétique. Cela qui a lieu et qui n'a pas de lieu, le poète semble n'en avoir jamais été aussi proche. Et c'est alors qu'il s'éloigne. Pourquoi ?

Le silence des maisons vides, écrit à dix-huit ans, dont la dernière strophe rend un son si baudelairien, constituait déjà une amorce et comme une révélation inconsciente de ce qui allait requérir jusqu'à l'obsession Saint-Denys Garneau durant sa courte existence (il meurt à trente et un ans, ayant cessé d'écrire à vingt-six ans).

> *Et dans ce silence béant*
> *On dirait, tant le temps est lisse,*
> *Que c'est l'éternité qui glisse*
> *À travers l'ombre du néant.*

Il n'est pas déçu de la vie, selon l'expression consacrée, le jeune homme qui se scrute et s'expose dans le *Journal* et dans la correspondance. Le rire se fait entendre à travers les saillies d'un humour volontiers espiègle. La figure de l'enfant absorbé pas ses jeux et qui a du jeu par rapport à son être revient avec insistance. Quelque chose de léger, d'immédiat, avait été accordé à Saint-Denys Garneau. Ses pages souvent aériennes et lumineuses sur la peinture et la musique en font foi. Et mieux encore maints poèmes formés sans effort, dirait-on, « dans la profondeur inconsciente de notre intelligence voyante ». Les *Esquisses en plein air* de l'été 1935 ont la grâce de ce qui est donné sur le champ. Dans des poèmes voisins par la tonalité d'ensemble, à part « le charme de ce qui est atone », on sent quelque perfide douceur ; l'inquiétude rôde, mine de rien. Sur le visage lisse et soyeux de l'enfance intériorisée une petite ride en désarroi pose sa griffe à peine visible. Le problème à la fois existentiel et artistique de Saint-Denys Garneau ne vient pas d'une évolution ni même d'un approfondissement. L'exigence lucide et désarmée est là, dès le début. Elle monte à la surface dès que le poète entre en poésie. Un poème « oriental », non daté, dit la chose avec une précision ironique :

> *À part les vingt-cinq fleurs qui ont brûlé pendant le jour le jardin est beau*

En apparence il ne s'est rien passé. La vie n'a pas eu le temps de ronger cet amoureux de la vie. La très haute joie qui chante au cœur secret de la poésie la plus ombreuse, Saint-Denys Garneau n'a pu l'approcher qu'au prix d'une solitude et d'une fatigue innommables. Au moment qu'il exécute ses aquarelles verbales, lui échappe ce gémissement : « Qui me verra sous tant de cendres ». On croirait que la joie créatrice n'est dispensée d'abord qu'en signe de départ. Sitôt trouvée, sitôt cherchée, telle est la poésie absolue. Saint-Denys Garneau a fort bien compris, à l'exemple de Cézanne, que l'entreprise consiste en l'approximation de soi et du monde par le relai de l'autre, de *l'étranger*. Dure tâche. Il ne s'en croit pas incapable, du moins pour un certain temps. Mais l'effroi du cela-ou-rien-du-tout le mettra face à une double impossibilité. Pas question de négocier un accommodement. Pas de donquichottisme non plus. La voie étroite, entre deux vertiges, reste celle de la réduction jusqu'à l'os :

Quand on est réduit à ses os
Assis sur ses os
Couché en ses os
Avec la nuit devant soi.

Pendant trois ou quatre années, en pleine jeunesse, Saint-Denys Garneau va vieillir, littéralement, à l'instar des personnages beckettiens, pour finir, sculpture imprévue de Giacometti, en colonne vertébrale ébranchée, « Debout en os et les yeux fixés sur le néant ». L'enfant-*rivière de mes yeux* n'a pas été renié, ni le gamin buissonnier. C'est auprès d'eux que le poète dépouillé s'accuse d'être un mauvais pauvre, un imposteur du dénuement de l'âme, en un long réquisitoire qui hallucine l'esprit critique. Ce faisant, le poète va encore plus loin qu'il ne l'imagine en direction d'une poésie radicale. Non, il ne fera pas de la douleur un « jeu » ; rendre la désespérance harmonieuse confinerait au mensonge. La brisure et la fragmentation qui en résulte, Saint-Denys Garneau les tient en horreur. Il voulait accomplir, unifier. Par approches successives, chacune intégrant pour le meilleur et pour le pire « cette misérable aventure » où ne coïncident jamais écrire et vivre.

Ce problème insoluble, le poète lui a reconnu toute son ampleur : oui, la seule poésie viable pour tous doit être réalisée par tous (ce dont témoigne le poème *On n'avait pas fini*) en un travail infini « Pour faire un bouquet pur avec le monde ». Sur le mode optatif, Saint-Denys Garneau allait accéder au centre d'une poésie sienne et nôtre. Mais il se retire, éperdu de sécheresse et de dégoût. Dans un poème de 1938, bouleversant d'abandon, il souhaite « s'endormir à cœur ouvert » après avoir confié : « Mes souliers / Sont sous mon lit doucement ». Le retrait va durer jusqu'à sa mort. Il ne s'est pas opéré brutalement de la poésie comme Rimbaud. Il ne s'est pas détruit. Il ne s'est pas révolté. Il a épousé le mutisme de l'enfant trahi par une joie douloureuse qui exige tout et pour toujours. Il a choisi d'en porter le poids, de n'accabler personne plus avant de son inadéquation, d'emporter plutôt celle-ci dans un refuge inaccessible à l'écriture.

Qui sait ? peut-être a-t-il ainsi répondu au vœu de la Diotima de Hölderlin : « C'est un temps meilleur que tu cherches, un monde plus beau. Et c'est ce monde que tu as embrassé en embrassant tes amis, avec eux tu as été ce monde. » Et c'est en quoi il nous demeure fraternel.

DANSER DEVANT L'ARCHE

par Hélène Dorion

> *Autrefois j'ai fait des poèmes*
> *Qui contenaient tout le rayon*
> *Du centre à la périphérie et au-delà*
> *Comme s'il n'y avait pas de périphérie*
> *mais le centre seul*
> *Et comme si j'étais le soleil : à l'entour*
> *l'espace illimité*

Saint-Denys Garneau

Dans son œuvre autant qu'à travers sa vie, Saint-Denys Garneau fut à la recherche d'un centre, de ce centre qui fait du poème à la fois le lieu de tension et de réconciliation des contraires, et du poète, l'« enfant » qui sait le chemin vers l'unité et se met à l'écoute des mots qui l'y ramènent. Équilibre, paix, joie, beauté, vérité, – ce sont là d'autres noms donnés à cette unité de l'être et du monde que cherche à retrouver Saint-Denys Garneau.

Dans son mouvement vers le centre, l'un des enjeux de cette poésie consistera donc à recréer un espace qui tantôt sera celui de l'univers – *Le jeu, Autrefois –,* et tantôt se réduira jusqu'à n'être plus que celui d'une *Maison fermée,* du *Spectacle de la danse* ou d'une « cage d'os ». Les paysages (célestes et terrestres) ainsi que les arbres décrits par le poète sont d'autres figures spatiales dominantes de sa cosmogonie et s'ajoutent à celle d'« un oiseau tenu captif » qui, plutôt que de se sentir libre dans l'espace, étouffe.

En quête d'une coïncidence du *moi*, d'un absolu qui soit un au-delà des apparences, le poète se heurte à la dissociation de son être, aux limites du regard qui, distancié, n'atteint jamais que le visible ; en quête d'un espace qui procure la stabilité et la tranquillité ; en quête de joie et d'amour, il rencontre le mur de la solitude, de la séparation. Au désir de communion s'oppose un *je* laissé seul face à lui-même. Au dehors et au dedans, tout se rompt, et par ce vers inaugural – « Je ne suis pas bien du tout assis sur cette chaise » –, le poète nous fait entrer de plain-pied non seulement dans le drame intérieur qui fut le sien mais plus encore dans l'aventure humaine elle-même. Le mouvement qui anime cette poésie tend vers l'universel par le biais du particulier, de la singularité. À travers l'écriture, Saint-Denys Garneau fusionne espace intime et espace cosmique. Il ne concevait en outre l'esthétique et l'éthique qu'irrémédiablement liées, la création poétique devant apprendre à être et à vivre, et par là se faire l'exigeant témoin d'une démarche existentielle.

Qu'est-ce que l'humanité ? qu'est-ce que la vie ? qu'est-ce que la création artistique ? comment traverser les apparences pour atteindre l'invisible ? comment la beauté et la vérité sont-elles reliées ? Toutes ces questions extrêmes que se posent réciproquement l'être humain et l'univers tenaillaient Saint-Denys Garneau. Il les aura explorées à travers une œuvre que viendra interrompre sa mort prématurée à l'âge de trente et un ans, et qui comprend *Regards et jeux dans l'espace*, seul recueil publié de son vivant, des *poèmes retrouvés*, un *Journal*, –texte essentiel et éclairant qui comporte des passages fort pénétrants sur l'art et la création poétique, quelques nouvelles et courts essais parus notamment dans la revue *La Relève* ainsi qu'une abondante correspondance [1].

---

[1] L'essentiel de l'œuvre de Saint-Denys Garneau est regroupé dans l'édition critique préparée par Jacques Brault et Benoît Lacroix (*Œuvres*, Les Presses de l'Université de Montréal, Bibliothèque des lettres québécoises, 1971, xxvii/1320 p.). Le présent ouvrage suit l'ordre et les titres proposés par cette édition critique. Une nouvelle édition des œuvres de Saint-Denys Garneau est actuellement en préparation.

*
**

Né en 1912 à Montréal, Hector de Saint-Denys Garneau héritera de qualités intellectuelles que l'on retrouve tant du côté paternel que maternel. Très tôt, il montrera une prédilection pour la poésie et s'intéressera à la peinture. Il hésitera longtemps avant de suivre la voie de la poésie et continuera d'ailleurs à peindre toute sa vie, particulièrement sensible aux beautés de la nature. À partir de 1916, il passe ses étés à Sainte-Catherine de Fossambault, près de Québec, où la famille possède un manoir. Ainsi a-t-il pu dès son enfance vivre en contact étroit avec la nature. Si le poète cherche à « bâtir l'univers », il s'agira entre autres pour Saint-Denys Garneau de tenter de retrouver la paix de l'enfance.

Fréquemment mis en parallèle, le travail du poète et le jeu de l'enfant tendent tous deux de créer le monde. Le poème liminaire pose l'alternance entre les choses et le manque d'équilibre :

> *Mais laissez-moi traverser le torrent sur les roches*
> *Par bonds quitter cette chose pour celle-là*
> *Je trouve l'équilibre impondérable entre les deux*
> *C'est là sans appui que je me repose.*

Le poème suivant, *Le jeu*, évoque les possibilités de l'acte d'écrire comme lieu d'unification, moyen de créer des liens entre les mots pour tenter de trouver l'appui nécessaire et peut-être ainsi de « changer complètement / le cours de la rivière ». Le poète est demeuré enfant, véritable métaphysicien qui possède « la grande curiosité du pourquoi et de l'au-delà des apparences, par quoi il dépasse si souvent l'homme en qui se sont endormies ces questions » [1]. Comme l'enfant, le poète « joue » ; il déplace les choses en même temps que les mots, et ces « cubes de bois » dans sa « boîte à jouets » refont l'ordre du monde, créant ainsi un désordre qui ressemble à celui d'une « chambre à l'envers ». Et parfois, c'est la page elle-même

---

[1] *Journal*, p. 411.

qui devient *l'espace de jeu* du poète, et les vers, ces « cubes de bois » disposés ici et là de façon à inventer d'autres « enlacements », visuels cette fois.

Ouvrant d'abord le regard sur l'infini, le poète *devient* ce qu'il crée ; il cherche ainsi à s'approprier une réalité tenue à distance, à trouver un espace qui lui permette de « danser » avec la vie :

> *Mes enfants vous dansez mal*
> *Il faut dire qu'il est difficile de danser ici*
> *Dans ce manque d'air*
> *Ici sans espace qui est toute la danse.*
> *(...)*
> *La danse est seconde mesure et second départ*
> *Elle prend possession du monde*
> *Après la première victoire*
> *Du regard*

Regard qui touche à la soif de connaissance et de lucidité, à la volonté de transcender le visible pour arriver aux qualités essentielles et éternelles des choses. Pour Saint-Denys Garneau, la création poétique possède cette puissance de transformation. L'espoir qu'il met dans la poésie n'a d'égal que le doute et la peur d'être incapable d'user du pouvoir des mots et de ne savoir répondre à ses propres exigences et à celles de l'écriture. En même temps qu'il croit profondément en l'unité, il n'éprouve que la distance et la dualité, se heurte, dans la création et la réalité, à la tension des contraires, alors qu'il tente de les réconcilier. Le poète vivra aussi douloureusement ce qui s'oppose à l'intérieur de son être : joie et angoisse, légèreté et gravité, présence et absence, parole et silence, foi et désespoir. Sans que l'un n'abolisse jamais l'autre, il ressentira cette constante scission, cette alternance des contraires, et ce tant dans sa poésie qu'en lui-même.

> *Dans ma main*
> *Le bout cassé de tous les chemins*
> *(...)*

> *La distance infranchissable*
> *Ponts rompus*
> *Chemins perdus*

Vision nietzschéenne de l'humain qui marche sur un fil tendu au-dessus de l'abîme :

> *Vais-je m'élancer sur ce fil incertain*
> *Sur un fil imaginaire tendu sur l'ombre*
> *Trouver peut-être les visages tournés*
> *Et me heurter d'un grand coup sourd*
> *Contre l'absence*

Si le sentiment de rupture, de dédoublement et d'étrangeté au monde, partout présent dans l'œuvre de Saint-Denys Garneau, en constitue en quelque sorte l'origine et la tension créatrice, il ne doit pas occulter son désir profond de faire du poème un chemin de traverse, un mouvement vers l'Autre, de trouver le calme spirituel et la sérénité, ainsi que son aspiration à la *joie*, lisibles dans nombre de poèmes, parmi lesquels, le plus connu peut-être, *Accompagnement* :

> *Je marche à côté d'une joie*
> *D'une joie qui n'est pas à moi*
> *D'une joie à moi que je ne puis pas prendre*
> *(...)*

Mais « par toutes sortes d'opérations » et de « jeux d'équilibre », le poète souhaite parvenir à *faire un* avec ses pas et avec la joie,

> *Afin qu'un jour, transposé,*
> *Je sois porté par la danse de ces pas de joie*
> *Avec le bruit décroissant de mon pas à côté de moi*
> *Avec la perte de mon pas perdu*
>   *s'étiolant à ma gauche*
> *Sous les pieds d'un étranger*
>   *qui prend une rue transversale.*

15

Tout semble destiner Saint-Denys Garneau à être entièrement ramené à son expérience intérieure, à concentrer le dehors vers le dedans. Lorsque les médecins lui découvriront, en 1934, une lésion au cœur, il devra abandonner ses études et se verra contraint au repos.

La même année sera fondée *La Relève*, revue animée par de jeunes écrivains amis de Saint-Denys Garneau. Il y publiera des articles, des poèmes et des chroniques, mais la revue sera surtout pour lui l'occasion de rencontres et de débats d'idées. Il importe d'ailleurs de souligner l'importance qu'il accordait à l'engagement social et aux échanges intellectuels, de même que son intérêt profond envers la réalité extérieure. Son œuvre entière témoigne de son enracinement et de l'attention qu'il savait poser sur le monde. S'il s'en isole de plus en plus, c'est par déception et désillusion. Replié sur lui-même, Saint-Denys Garneau n'a pourtant pas rejeté le dehors ; son désir de beauté, de communion et de vérité ainsi que ses exigences de perfection se sont heurtés à l'incommunicabilité, aux impossibilités auxquelles confronte parfois la lucidité. Être de contrastes, divisé et partagé entre sa capacité de joie et sa douleur de vivre, il n'a trouvé d'issue ni dans la foi ni dans l'art, ni dans l'amour ou l'amitié. Le temps est devenu l'implacable témoin de son impuissance, de cette « incapacité à vivre, non seulement à être heureux, mais à vivre, à être » [1]. Au milieu de cet effritement, la parole poétique –« silence » d'un ailleurs– semble seule apte à se mesurer au passage du temps :

> *Toutes paroles me deviennent intérieures*
> *Et ma bouche se ferme comme un coffre*
>   *qui contient des trésors*
> *Et ne prononce plus ces paroles dans le temps,*
>   *des paroles en passage,*
> *Mais se ferme et garde comme un trésor*
>   *ses paroles*

[1] *Journal*, p. 510.

Hors l'atteinte du temps salissant, du temps passager.
Ses paroles qui ne sont pas du temps
Mais qui représentent le temps dans l'éternel,
(...)

* *

En 1937 paraît *Regards et jeux dans l'espace*. Dans l'histoire de la poésie québécoise, cela marque une date importante. Si la voix postromantique, nourrie à la fois des symbolistes et des parnassiens, d'Émile Nelligan, celle, lyrique et renouant d'une certaine façon avec la tradition épique, d'Alain Grandbois, ou celles d'Anne Hébert, de Rina Lasnier et quelques autres, ont pendant longtemps eu davantage d'écho, sans doute est-ce dû en partie au contexte d'une société canadienne-française – comme on l'appelait alors – qui cherchait à échapper à l'aliénation et au repli sur soi plutôt qu'à y être renvoyée, en même temps qu'à l'exemplarité de l'aventure intérieure qu'incarne l'œuvre de Saint-Denys Garneau dans son rapport à la modernité poétique.

Regards et jeux dans l'espace marque pour la poésie du Québec un pas important vers son universalité. Lorsqu'il écrit dans son *Journal* : « L'artiste atteint l'universel à force de particulier, d'unicité » [1], il évoque aussi sa propre démarche. Si son expérience existentielle et métaphysique constitue le *centre* de sa poésie, Saint-Denys Garneau transcende cette individualité en l'inscrivant à travers un cheminement spirituel et une vision cosmique qui rejoignent l'expérience humaine universelle. Témoignant de la fragmentation, de l'inachèvement, du déchirement, du vide et du repliement du *je*, cette poésie incarne l'aventure même de la modernité, son constat de rupture et sa lutte contre le malaise d'être au monde, la douleur et la solitude.

Mis au service de la nécessité intérieure d'où origine le poème, le travail formel de l'écriture de Saint-Denys

---

[1] *Journal*, pp. 516-517.

Garneau comporte des failles et des maladresses qui ne sont sans doute pas étrangères à l'accueil assez mitigé qu'a reçu *Regards et jeux dans l'espace* au moment de sa parution, et par la suite aux réticences exprimées face à son œuvre qui, par ailleurs, annonce des poètes aussi importants que Gaston Miron, Jacques Brault, Fernand Ouellette et quelques autres. En outre, au début des années '80, une génération de poètes dont l'écriture sera dite *intimiste* et *individualiste* sera fortement marquée par la poésie de Saint-Denys Garneau et contribuera d'une certaine façon à la réhabiliter en s'en réclamant les héritiers.

Caractérisée d'abord par sa lisibilité et son dépouillement, l'écriture sans artifice de Saint-Denys Garneau est en parfaite adéquation avec son contenu. Privilégiant la transparence et l'expression directe, elle ne sacrifie jamais le sens au profit de la forme ou de *l'effet poétique*. Ainsi l'image est-elle, par exemple, non pas utilisée comme un procédé rhétorique proprement dit, mais intégrée au poème lui-même. C'est le texte dans son ensemble qui *fait image* et en constitue le fondement analogique.

Par ailleurs on trouve dans cette poésie une dimension prosaïque très importante. À partir de quelques éléments (symboliques, narratifs ou conceptuels) qui en constituent le point d'appui, le poème interroge ce qu'il pose, précise, répète de façon presque martelée, interpelle ou analyse, interrompt son développement, semble aller et venir à l'intérieur de structures formelles qui paraissent souvent relâchées et mal assurées. À d'autres moments, le poème est au contraire ramené à la structure la plus élémentaire et forme un tout refermé sur lui-même. Apparemment réduit, le vocabulaire témoigne d'une volonté de simplicité. On note aussi dans l'écriture de Saint-Denys Garneau de fréquents changements de niveaux de langage. Un vers très *écrit* peut être suivi d'un autre dont la tonalité orale pourra dérouter.

Redondances, maladresses formelles, syntaxe parfois lourde, changements abrupts de registre ; les *failles* de cette écriture participent peut-être justement de ce fond de tâtonnements, d'interrogations, de déséquilibres et de va-et-vient auxquels s'ajuste l'expression. En fait, le poème semble travailler comme l'être qui cherche, creuse, avance, recule et avance de nouveau, – faisant de ce chemin celui qu'emprunte le poème. Il paraît en avoir *absorbé* le tracé, la dynamique interne. Sa forme *est* son sens autant que l'un de ses points de tension.

Si les *manquements* formels n'atténuent pas l'impact des textes, c'est peut-être qu'ils sont ceux d'un être, d'une voix intérieure dont le charisme possède un grand pouvoir d'attraction. Au manque de sûreté formelle répond l'intensité de l'expérience poétique et spirituelle ; au peu de souci esthétique répond l'interrogation métaphysique. En outre, à travers son inachèvement même, le projet poétique de Saint-Denys Garneau participe d'une esthétique de la modernité marquée par les notions de fissures, de rupture et de fragmentation. Interrompue dans sa genèse même, cette œuvre trouve une forte résonance chez les générations ultérieures de poètes qui voudront « marcher dans ces pas » et poursuivre cette quête originelle.

Sans détour, la poésie de Saint-Denys Garneau nous ramène à ces failles qui traversent notre destin d'êtres humains. Chant qui serait une façon de retrouver la parole perdue, cet autre Paradis que nous portons en nous, chemin vers l'origine, la poésie est cette quête métaphysique et spirituelle qui côtoie le sacré :

> *À l'occasion de cette confrontation avec le mystère glorieux, chacun sa façon de danser devant l'arche.* [1]

L'un des *Poèmes retrouvés* de Saint-Denys Garneau, *On n'avait pas fini*, réunit plusieurs des motifs essentiels

---

[1] *Journal*, pp. 583-584.

explorés précédemment. Particulièrement évocateur et éclairant pour la compréhension de nombreux aspects de l'œuvre, ce poème dénoue en un sens la tension des thématiques en élaborant une *vision cosmogonique*, – *histoire du monde* ou plutôt d'une *absence au monde* que serait le passage humain.

Au commencement, notre ombre

> *(...) dévore à mesure que nous avançons*
> *La lumière de notre présence*
> *(...)*
> *Nous ne sommes plus qu'une petite lumière enfermée*
> *Qu'une petite présence intérieure dans l'absence*
> *universelle*
> *Et l'appel de nos yeux ne trouve point d'écho*
> *Dans le silence de l'ombre déserte*

Puis tous se réunissent et demandent à Dieu d'« ouvrir un peu le Paradis », et « ceux qui sont venus avec une âme (et des yeux) du Bon Dieu » refont le monde. Après avoir « ramassé tout ce qui était perdu », « lavé tout ce qui fut sali », arraché l'ombre et la solitude, ils ont redonné l'univers à ceux qui l'avaient demandé. Et ce salut est venu par une « reconnaissance » qui emprunte chaque direction possible de ce mot : regard, mémoire, appréhension, naissance, amour. Et lorsque nous serons à nouveau dépossédés du monde, lorsque la lumière se sera à nouveau éteinte, « ceux qu'on attendait » reviendront encore une fois ramasser « ce qu'on avait laissé tomber ».

Faisant alterner la possession et la dépossession du monde, ce long poème se présente comme une ultime confrontation avec la mort, avec l'expérience humaine dans sa plénitude et ses déchirements. Il rappelle la quête de pureté, d'amour et d'éternité qui fut celle de Saint-Denys Garneau.

REGARDS ET JEUX DANS L'ESPACE

JEUX

C'EST LÀ SANS APPUI

Je ne suis pas bien du tout assis sur cette chaise
Et mon pire malaise est un fauteuil où l'on reste
Immanquablement je m'endors et j'y meurs.

Mais laissez-moi traverser le torrent sur les roches
Par bonds quitter cette chose pour celle-là
Je trouve l'équilibre impondérable entre les deux
C'est là sans appui que je me repose.

LE JEU

Ne me dérangez pas je suis profondément occupé

Un enfant est en train de bâtir un village
C'est une ville, un comté
Et qui sait
       Tantôt l'univers.

Il joue

Ces cubes de bois sont des maisons qu'il déplace
                    et des châteaux
Cette planche fait signe d'un toit qui penche
                  ça n'est pas mal à voir
Ce n'est pas peu de savoir où va tourner la route
                      de cartes
Cela pourrait changer complètement
                 le cours de la rivière
À cause du pont qui fait un si beau mirage
                  dans l'eau du tapis
C'est facile d'avoir un grand arbre
Et de mettre au-dessous une montagne
           pour qu'il soit en haut.

Joie de jouer ! paradis des libertés !
Et surtout n'allez pas mettre un pied dans la chambre
On ne sait jamais ce qui peut être dans ce coin
Et si vous n'allez pas écraser la plus chère
             des fleurs invisibles

Voilà ma boîte à jouets
Pleine de mots pour faire de merveilleux enlacements
Les allier séparer marier,
Déroulements tantôt de danse
Et tout à l'heure le clair éclat du rire
Qu'on croyait perdu

Une tendre chiquenaude
Et l'étoile
Qui se balançait sans prendre garde
Au bout d'un fil trop ténu de lumière
Tombe dans l'eau et fait des ronds.

De l'amour de la tendresse qui donc oserait en douter
Mais pas deux sous de respect pour l'ordre établi
Et la politesse et cette chère discipline
Une légèreté et des manières à scandaliser les grandes
personnes

Il vous arrange les mots comme si c'étaient de
simples chansons
Et dans ses yeux on peut lire son espiègle plaisir
À voir que sous les mots il déplace toutes choses
Et qu'il en agit avec les montagnes
Comme s'il les possédait en propre.
Il met la chambre à l'envers et vraiment l'on ne s'y
reconnaît plus
Comme si c'était un plaisir de berner les gens.

Et pourtant dans son œil gauche quand le droit rit
Une gravité de l'autre monde s'attache à la feuille
                                        d'un arbre
Comme si cela pouvait avoir une grande importance
Avait autant de poids dans sa balance
Que la guerre d'Éthiopie
Dans celle de l'Angleterre.

SPECTACLE DE LA DANSE

Mes enfants vous dansez mal
Il faut dire qu'il est difficile de danser ici
Dans ce manque d'air
Ici sans espace qui est toute la danse.

Vous ne savez pas jouer avec l'espace
Et vous y jouez
Sans chaînes
Pauvres enfants qui ne pouvez pas jouer.

Comment voulez-vous danser j'ai vu les murs
La ville coupe le regard au début
Coupe à l'épaule le regard manchot
Avant même une inflexion rythmique
Avant, sa course et repos au loin
Son épanouissement au loin du paysage
Avant la fleur du regard alliage au ciel
Mariage au ciel du regard
Infinis rencontrés heurt
Des merveilleux.

La danse est seconde mesure et second départ
Elle prend possession du monde
Après la première victoire
Du regard

Qui lui ne laisse pas de trace en l'espace
— Moins que l'oiseau même et son sillage
Que même la chanson et son invisible passage
Remuement imperceptible de l'air —
Accolade, lui, par l'immatériel

Au plus près de l'immuable transparence
Comme un reflet dans l'onde au paysage
Qu'on n'a pas vu tomber dans la rivière

Or la danse est paraphrase de la vision
Le chemin retrouvé qu'ont perdu les yeux dans le but
Un attardement arabesque à reconstruire
Depuis sa source l'enveloppement de la séduction.

ENFANTS

LES ENFANTS

Les enfants
Ah ! Les petits monstres

Ils vous ont sauté dessus
Comme ils grimpent après les trembles
Pour les fléchir
Et les faire pencher sur eux

Ils ont un piège
Avec une incroyable obstination

Ils ne vous ont pas laissés
Avant de vous avoir gagnés

Alors ils vous ont laissés
Les perfides
                    vous ont abandonnés
Se sont enfuis en riant.

Il y en a qui sont restés
Quand les autres sont partis jouer
Ils sont restés assis gravement.

Il en est qui sont allés
Jusqu'au bout de la grande allée

Leur rire s'est suspendu

Pendant qu'ils se retournaient
Pour vous voir qui les regardiez

Un remords et un regret

Mais il n'était pas perdu
Il a repris sa fusée
Qu'on entend courir en l'air
Cependant qu'eux sont disparus
Quand l'allée a descendu.

PORTRAIT

C'est un drôle d'enfant
C'est un oiseau
Il n'est plus là

Il s'agit de le trouver
De le chercher
Quand il est là

Il s'agit de ne pas lui faire peur
C'est un oiseau
C'est un colimaçon.

Il ne regarde que pour vous embrasser
Autrement il ne sait pas quoi faire

avec ses yeux
Où les poser
Il les tracasse comme un paysan sa casquette

Il lui faut aller vers vous
Et quand il s'arrête
Et s'il arrive
Il n'est plus là

Alors il faut le voir venir
Et l'aimer durant son voyage.

ESQUISSES EN PLEIN AIR

LES ORMES

Dans les champs
Calmes parasols
Sveltes, dans une tranquille élégance
Les ormes sont seuls ou par petites familles.
Les ormes calmes font de l'ombre
Pour les vaches et les chevaux
Qui les entourent à midi.
Ils ne parlent pas
Je ne les ai pas entendus chanter
Ils sont simples
Ils font de l'ombre légère
Bonnement
Pour les bêtes.

SAULES

Les grands saules chantent
Mêlés au ciel
Et leurs feuillages sont des eaux vives
Dans le ciel

Le vent
Tourne leurs feuilles
D'argent
Dans la lumière
Et c'est rutilant
Et mobile
Et cela flue
Comme des ondes

On dirait que les saules coulent
Dans le vent
Et c'est le vent
Qui coule en eux.

C'est des remous dans le ciel bleu
Autour des branches et des troncs
La brise chavire les feuilles
Et la lumière saute autour
Une féerie
Avec mille reflets
Comme des trilles d'oiseaux-mouches
Comme elle danse sur les ruisseaux
Mobile
Avec tous ses diamants et tous ses sourires.

PINS À CONTRE-JOUR

Dans la lumière leur feuillage est comme l'eau
Des îles d'eau claire
Sur le noir de l'épinette ombrée à contre-jour

Ils ruissellent
Chaque aigrette et la touffe
Une île d'eau claire au bout de chaque branche

Chaque aiguille un reflet un fil d'eau vive

Chaque aigrette ruisselle comme une petite source
                                        qui bouillonne
Et s'écoule
On ne sait où.

Ils ruissellent comme j'ai vu ce printemps
Ruisseler les saules eux l'arbre entier
Pareillement argent tout reflet tout onde
Tout fuite d'eau passage
Comme du vent rendu visible
Et paraissant
Liquide
À travers quelque fenêtre magique.

DEUX PAYSAGES

PAYSAGE EN DEUX COULEURS
SUR FOND DE CIEL

La vie la mort sur deux collines
Deux collines quatre versants
Les fleurs sauvages sur deux versants
L'ombre sauvage sur deux versants.

Le soleil debout dans le sud
Met son bonheur sur les deux cimes
L'épand sur faces des deux pentes
Et jusqu'à l'eau de la vallée
(Regarde tout et ne voit rien)

Dans la vallée le ciel de l'eau
Au ciel de l'eau les nénuphars
Les longues tiges vont au profond
Et le soleil les suit du doigt
(Les suit du doigt et ne sent rien)

Sur l'eau bercée de nénuphars
Sur l'eau piquée de nénuphars
Sur l'eau percée de nénuphars
Et tenue de cent mille tiges
Porte le pied des deux collines
Un pied fleuri de fleurs sauvages
Un pied rongé d'ombre sauvage.

Et pour qui vogue en plein milieu
Pour le poisson qui saute au milieu
(Voit une mouche tout au plus)

Tendant les pentes vers le fond
Plonge le front des deux collines
Un de fleurs fraîches dans la lumière
Vingt ans de fleurs sur fond de ciel
Un sans couleur ni de visage
Et sans comprendre et sans soleil
Mais tout mangé d'ombre sauvage
Tout composé d'absence noire
Un trou d'oubli — ciel calme autour.

UN MORT DEMANDE À BOIRE

Un mort demande à boire
Le puits n'a plus tant d'eau qu'on le croirait
Qui portera réponse au mort
La fontaine dit mon onde n'est pas pour lui.

Or voilà toutes ses servantes en branle
Chacune avec un vase à chacune sa source
Pour apaiser la soif du maître
Un mort qui demande à boire.

Celle-ci cueille au fond du jardin nocturne
Le pollen suave qui sourd des fleurs
Dans la chaleur qui s'attarde
                              à l'enveloppement de la nuit
Elle développe cette chair devant lui

Mais le mort a soif encore et demande à boire

Celle-là cueille par l'argent des prés lunaires
Les corolles que ferma la fraîcheur du soir
Elle en fait un bouquet bien gonflé
Une tendre lourdeur fraîche à la bouche
Et s'empresse au maître pour l'offrir

Mais le mort a soif et demande à boire

Alors la troisième et première des trois sœurs
S'empresse elle aussi dans les champs
Pendant que surgit au ciel d'orient
La claire menace de l'aurore
Elle ramasse au filet de son tablier d'or
Les gouttes lumineuses de la rosée matinale
En emplit une coupe et l'offre au maître

Mais il a soif encore et demande à boire.

Alors le matin paraît dans sa gloire
Et répand comme un vent la lumière sur la vallée
Et le mort pulvérisé
Le mort percé de rayons comme une brume
S'évapore et meurt
Et son souvenir même a quitté la terre.

DE GRIS EN PLUS NOIR

MAISON FERMÉE

Je songe à la désolation de l'hiver
Aux longues journées de solitude
Dans la maison morte —
Car la maison meurt où rien n'est ouvert —
Dans la maison close, cernée de forêts

Forêts noires pleines
De vent dur

Dans la maison pressée de froid
Dans la désolation de l'hiver qui dure

Seul à conserver un petit feu dans le grand âtre
L'alimentant de branches sèches
Petit à petit
Que cela dure
Pour empêcher la mort totale du feu
Seul avec l'ennui qui ne peut plus sortir
Qu'on enferme avec soi
Et qui se propage dans la chambre

Comme la fumée d'un mauvais âtre
Qui tire mal vers en haut
Quand le vent s'abat sur le toit
Et rabroue la fumée dans la chambre
Jusqu'à ce qu'on étouffe dans la maison fermée

Seul avec l'ennui
Que secoue à peine la vaine épouvante
Qui nous prend tout à coup
Quand le froid casse les clous dans les planches
Et que le vent fait craquer la charpente

Les longues nuits à s'empêcher de geler
Puis au matin vient la lumière
Plus glaciale que la nuit.

Ainsi les longs mois à attendre
La fin de l'âpre hiver.
Je songe à la désolation de l'hiver
Seul
Dans une maison fermée.

FIÈVRE

Reprend le feu
Sous les cendres

Attention
On ne sait pas
Dans les débris

Attention
On sait trop bien
Dans les débris
Le moindre souffle et le feu part

Au fond du bois
Le feu reprend
Sournoisement
De moins en plus fort

Attention
Le feu reprend
Brûle le vent à son passage

Le feu reprend
Mais où passer
Dans les débris
Tout fracassés
Dans les écopeaux
Bien tassés

La chaleur chauffe
Le vent se brûle
La chaleur monte
Et brouille le ciel

À lueurs lourdes
La chaleur sourde
Chauffe et me tord

La chaleur chauffe
Sans flamme claire
La chaleur monte
Sans oriflamme
Brouillant le ciel
Tremblant les arbres
Brûlant le vent à son passage.

Le paysage
Demande grâce
Les bêtes ont les yeux effarés
Les oiseaux sont égarés
Dans la chaleur brouillant le ciel

Le vent ne peut plus traverser
Vers les grands arbres qui étouffent
Les bras ouverts
Pour un peu d'air

Le paysage demande grâce
Et la chaleur intolérable
Du feu repris
Dans les débris
Est sans une fissure aucune
Pour une flamme
Ou pour le vent.

FACTION

COMMENCEMENT PERPÉTUEL

Un homme d'un certain âge
Plutôt jeune et plutôt vieux
Portant des yeux préoccupés
Et des lunettes sans couleur
Est assis au pied d'un mur
Au pied d'un mur en face d'un mur

Il dit je vais compter de un à cent
À cent ça sera fini
Une bonne fois une fois pour toutes
Je commence   un deux   et le reste

Mais à soixante-treize il ne sait plus bien

C'est comme quand on croyait compter les coups de
                                                    minuit
                    et qu'on arrive à onze
Il fait noir comment savoir
On essaye de reconstruire avec les espaces le rythme
Mais quand est-ce que ça a commencé

Et l'on attend la prochaine heure

Il dit allons il faut en finir
Recommençons une bonne fois
Une fois pour toutes
De un à cent
Un...

AUTREFOIS

Autrefois j'ai fait des poèmes
Qui contenaient tout le rayon
Du centre à la périphérie et au-delà
Comme s'il n'y avait pas de périphérie
                              mais le centre seul
Et comme si j'étais le soleil : à l'entour
                              l'espace illimité
C'est qu'on prend de l'élan
                    à jaillir tout au long du rayon
C'est qu'on acquiert une prodigieuse vitesse de bolide
Quelle attraction centrale peut alors
                    empêcher qu'on s'échappe
Quel dôme de firmament concave qu'on le perce
Quand on a cet élan pour éclater dans l'Au-delà.

Mais on apprend que la terre n'est pas plate
Mais une sphère et que le centre n'est pas au milieu
Mais au centre
Et l'on apprend la longueur du rayon ce chemin
                              trop parcouru
Et l'on connaît bientôt la surface
Du globe tout mesuré inspecté arpenté vieux sentier
Tout battu

Alors la pauvre tâche
De pousser le périmètre à sa limite
Dans l'espoir à la surface du globe d'une fissure,

Dans l'espoir et d'un éclatement des bornes
Par quoi retrouver libre l'air et la lumière.

Hélas tantôt désespoir
L'élan de l'entier rayon devenu
Ce point mort sur la surface.

Tel un homme
Sur le chemin trop court par la crainte du port
Raccourcit l'enjambée et s'attarde à venir
Il me faut devenir subtil
Afin de, divisant à l'infini l'infime distance
De la corde à l'arc,
Créer par ingéniosité un espace analogue à l'Au-delà
Et trouver dans ce réduit matière
Pour vivre et l'art.

FACTION

On a décidé de faire la nuit
Pour une petite étoile problématique
A-t-on le droit de faire la nuit
Nuit sur le monde et sur notre cœur
Pour une étincelle
Luira-t-elle
Dans le ciel immense désert

On a décidé de faire la nuit
pour sa part
De lâcher la nuit sur la terre
Quand on sait ce que c'est
Quelle bête c'est
Quand on a connu quel désert
Elle fait à nos yeux sur son passage

On a décidé de lâcher la nuit sur la terre
Quand on sait ce que c'est
Et de prendre sa faction solitaire
Pour une étoile
                encore qui n'est pas sûre
Qui sera peut-être une étoile filante
Ou bien le faux éclair d'une illusion
Dans la caverne que creusent en nous
Nos avides prunelles.

SANS TITRE

TU CROYAIS TOUT TRANQUILLE

Tu croyais tout tranquille
Tout apaisé
Et tu pensais que cette mort était aisée

Mais non, tu sais bien que j'avais peur
Que je n'osais faire un mouvement
Ni rien entendre
Ni rien dire
De peur de m'éveiller complètement
Et je fermais les yeux obstinément
Comme un qui ne peut s'endormir
Je me bouchais les oreilles avec mon oreiller
Et je tremblais que le sommeil ne s'en aille

Que je sentais déjà se retirer
Comme une porte ouverte en hiver
Laisse aller la chaleur tendre
Et s'introduire dans la chambre
Le froid qui vous secoue de votre assoupissement
Vous fouette
Et vous rend conscient nettement comme l'acier

Et maintenant

Les yeux ouverts les yeux de chair
                          trop grands ouverts
Envahis regardent passer

Les yeux les bouches les cheveux
Cette lumière trop vibrante
Qui déchire à coups de rayons
La pâleur du ciel de l'automne

Et mon regard part en chasse effrénément
De cette splendeur qui s'en va
De la clarté qui s'échappe
Par les fissures du temps

L'automne presque dépouillé
De l'or mouvant
Des forêts
Et puis ce couchant
Qui glisse au bord de l'horizon
À me faire crier d'angoisse

Toutes ces choses qu'on m'enlève

J'écoute douloureux comme passe une onde
Les chatoiements des voix et du vent
Symphonie déjà perdue déjà fondue
En les frissons de l'air qui glisse vers hier

Les yeux le cœur et les mains ouvertes
Mains sous mes yeux ces doigts écartés
Qui n'ont jamais rien retenu
Et qui frémissent
Dans l'épouvante d'être vides

Maintenant mon être en éveil
Est comme déroulé sur une grande étendue
Sans plus de refuge au sein de soi
Contre le mortel frisson des vents
Et mon cœur charnel est ouvert comme une plaie
D'où s'échappe aux torrents du désir
Mon sang distribué aux quatre points cardinaux.

QU'EST-CE QU'ON PEUT

Qu'est-ce qu'on peut pour notre ami
au loin là-bas
à longueur de notre bras

Qu'est-ce qu'on peut pour notre ami
Qui souffre une douleur infinie

Qu'est-ce qu'on peut pour notre cœur
Qui se tourmente et se lamente

Qu'est-ce qu'on peut pour notre cœur
Qui nous quitte en voyage tout seul

Que l'on regarde d'où l'on est
Comme un enfant qui part en mer

De sur la falaise où l'on est
Comme un enfant qu'un vaisseau prend

Comme un bateau que prend la mer
Pour un voyage au bout du vent

Pour un voyage en plein soleil
Mais la mer sonne déjà sourd

Et le ressac s'abat plus lourd
Et le voyage est à l'orage

Et lorsque toute la mer tonne
Et que le vent se lamente aux cordages

Le vaisseau n'est plus qu'une plainte
Et l'enfant n'est plus qu'un tourment

Et de la falaise où l'on est
Notre regard est sur la mer

Et nos bras sont à nos côtés
Comme des rames inutiles

Nos regards souffrent sur la mer
Comme de grandes mains de pitié

Deux pauvres mains qui ne font rien
Qui savent tout et ne peuvent rien

Qu'est-ce qu'on peut pour notre cœur
Enfant en voyage tout seul
Que la mer à nos yeux déchira.

PETITE FIN DU MONDE

Oh ! Oh !
Les oiseaux
morts

Les oiseaux
les colombes
nos mains

Qu'est-ce qu'elles ont eu
qu'elles ne se reconnaissent plus

On les a vues autrefois
Se rencontrer dans la pleine clarté
se balancer dans le ciel
se côtoyer avec tant de plaisir
                et se connaître
dans une telle douceur

Qu'est-ce qu'elles ont maintenant
quatre mains sans plus un chant
que voici mortes
désertées

J'ai goûté à la fin du monde
et ton visage a paru périr
devant ce silence de quatre colombes
devant la mort de ces quatre mains
            Tombées
en rang côte à côte

Et l'on se demande
             À ce deuil
quelle mort secrète
quel travail secret de la mort
par quelle voie intime dans notre ombre
où nos regards n'ont pas voulu descendre
             La mort
a mangé la vie aux oiseaux
a chassé le chant et rompu le vol
à quatre colombes
alignées sous nos yeux

de sorte qu'elles sont maintenant
                              sans palpitation
et sans rayonnement de l'âme.

ACCUEIL

Moi ce n'est que pour vous aimer
Pour vous voir
Et pour aimer vous voir

Moi ça n'est pas pour vous parler
Ça n'est pas pour des échanges
                              conversations
Ceci livré, cela retenu
Pour ces compromissions de nos dons

C'est pour savoir que vous êtes,
Pour aimer que vous soyez

Moi ce n'est que pour vous aimer
Que je vous accueille
Dans la vallée spacieuse de mon recueillement
Où vous marchez seule et sans moi
Libre complètement

Dieu sait que vous serez inattentive
Et de tous côtés au soleil
Et tout entière en votre fleur
Sans une hypocrisie
en votre jeu

Vous serez claire et seule
Comme une fleur sous le ciel
Sans un repli
Sans un recul de votre exquise pudeur

Moi je suis seul à mon tour
autour de la vallée
Je suis la colline attentive
Autour de la vallée
Où la gazelle de votre grâce évoluera
Dans la confiance et la clarté de l'air

Seul à mon tour j'aurai la joie
Devant moi
De vos gestes parfaits
Des attitudes parfaites
De votre solitude

Et Dieu sait que vous repartirez
Comme vous êtes venue
Et je ne vous reconnaîtrai plus

Je ne serai peut-être pas plus seul
Mais la vallée sera déserte
Et qui me parlera de vous ?

CAGE D'OISEAU

Je suis une cage d'oiseau
Une cage d'os
Avec un oiseau

L'oiseau dans ma cage d'os
C'est la mort qui fait son nid

Lorsque rien n'arrive
On entend froisser ses ailes

Et quand on a ri beaucoup
Si l'on cesse tout à coup
On l'entend qui roucoule
Au fond
Comme un grelot

C'est un oiseau tenu captif
La mort dans ma cage d'os

Voudrait-il pas s'envoler
Est-ce vous qui le retiendrez
Est-ce moi
Qu'est-ce que c'est

Il ne pourra s'en aller
Qu'après avoir tout mangé
Mon cœur
La source du sang
Avec la vie dedans

Il aura mon âme au bec.

ACCOMPAGNEMENT

Je marche à côté d'une joie
D'une joie qui n'est pas à moi
D'une joie à moi que je ne puis pas prendre

Je marche à côté de moi en joie
J'entends mon pas en joie qui marche à côté de moi
Mais je ne puis changer de place sur le trottoir
Je ne puis pas mettre mes pieds dans ces pas-là
                    et dire voilà c'est moi

Je me contente pour le moment de cette compagnie
Mais je machine en secret des échanges
Par toutes sortes d'opérations, des alchimies,
Par des transfusions de sang
Des déménagements d'atomes
                    par des jeux d'équilibre

Afin qu'un jour, transposé,
Je sois porté par la danse de ces pas de joie
Avec le bruit décroissant de mon pas à côté de moi
Avec la perte de mon pas perdu
                    s'étiolant à ma gauche
Sous les pieds d'un étranger
                    qui prend une rue transversale.

POÈMES RETROUVÉS

TEXTES DATÉS

MA MAISON

Je veux ma maison bien ouverte,
Bonne pour tous les miséreux.

Je l'ouvrirai à tout venant
Comme quelqu'un se souvenant
D'avoir longtemps pâti dehors,
Assailli de toutes les morts
Refusé de toutes les portes
Mordu de froid, rongé d'espoir

Anéanti d'ennui vivace
Exaspéré d'espoir tenace

Toujours en quête de pardon
Toujours en chasse de péché.

LASSITUDE

Je ne suis plus de ceux qui donnent
Mais de ceux-là qu'il faut guérir.
Et qui viendra dans ma misère ?
Qui aura le courage d'entrer dans cette vie
                            à moitié morte ?
Qui me verra sous tant de cendres,
Et soufflera, et ranimera l'étincelle ?
Et m'emportera de moi-même,
Jusqu'au loin, ah ! au loin, loin !
Qui m'entendra, qui suis sans voix
Maintenant dans cette attente ?
Quelle main de femme posera sur mon front
Cette douceur qui nous endort ?
Quels yeux de femme au fond des miens,
au fond de mes yeux obscurcis,
Voudront aller, fiers et profonds,
Pourront passer sans se souiller,
Quels yeux de femme et de bonté
Voudront descendre en ce réduit
Et recueillir, et ranimer
et ressaisir et retenir
Cette étincelle à peine là ?
Quelle voix pourra retentir,
quelle voix de miséricorde
voix claire, avec la transparence du cristal
Et la chaleur de la tendresse,
Pour me réveiller à l'amour, me rendre à la bonté,
m'éveiller à la présence de Dieu dans l'univers ?
Quelle voix pourra se glisser, très doucement, sans me briser,
                            dans mon silence intérieur ?

SILENCE

Toutes paroles me deviennent intérieures
Et ma bouche se ferme comme un coffre
                      qui contient des trésors
Et ne prononce plus ces paroles dans le temps,
                      des paroles en passage,
Mais se ferme et garde comme un trésor
                      ses paroles
Hors l'atteinte du temps salissant, du temps passager.
Ses paroles qui ne sont pas du temps
Mais qui représentent le temps dans l'éternel,
Des manières de représentants
Ailleurs de ce qui passe ici,
Des manières de symboles
Des manières d'évidences de l'éternité qui passe ici,
Des choses uniques, incommensurables,
Qui passent ici parmi nous mortels,
Pour jamais plus jamais,
Et ma bouche est fermée comme un coffre
Sur les choses que mon âme garde intimes,
Qu'elle garde
Incommunicables
Et possède ailleurs.

TOUS ET CHACUN

Tous et chacun, chacun et tous, interchangeables
Deux mots,
Signes
De l'ineffable identité
Où prend lumière tout le poème

Nature, tu m'as chanté
Le duo à voix équivoques,
Immatériel balancement
Par-delà l'opacité du nombre,
Flux et reflux de la même onde, ô l'onde unité,
Vagues renaissantes infiniment
Et pour rôle de dérouler
La lumière jusque sur le rivage

Celui-ci, celui-là, faites-vous plus qu'une seule chair
Pour l'amour de mon âme qui vous maria.

Tous et chacun réversibles,
Et je n'ai pu souvent pour cet échange
Que vous accoupler.

GLISSEMENT

Qu'est-ce que je machine à ce fil pendu
À ce fil une étoile à la lumière,
Vais-je mourir là pendu
Ou mourir un noyé fatigué de l'épave

Glissement dans la mer qui vous enveloppe
Une véritable sœur enveloppante
Et qui transpose la lumière en descendant
La conserve à vos yeux pour les emplir

Souviens-toi de la mer qui t'a bercé,
Vieux mort bercé au glissement de ce parcours
Accompagné de lumière verte,
Qui troubla d'un remous l'ordonnance de ses réseaux
À travers les couches de l'onde innombrable ;
Et maintenant dans les fonds calmes caressé d'algues
Souviens-toi des vagues et leurs bercements
Vieux mort enfoui dans les silences sous-marins.

[TE VOILÀ VERBE]

Te voilà verbe en face de mon être
                un poème en face de moi
Par une projection par-delà moi
                de mon arrière-conscience
Un fils tel qu'on ne l'avait pas attendu
Être méconnaissable, frère ennemi.
Et voilà le poème encore vide qui m'encercle
Dans l'avidité d'une terrible exigence de vie,
M'encercle d'une mortelle tentacule,
Chaque mot une bouche suçante, une ventouse
Qui s'applique à moi
Pour se gonfler de mon sang.

Je nourrirai de moelle ces balancements.

[C'EST EUX QUI M'ONT TUÉ]

C'est eux qui m'ont tué
Sont tombés sur mon dos avec leurs armes, m'ont tué
Sont tombés sur mon cœur avec leur haine, m'ont tué
Sont tombés sur mes nerfs avec leurs cris, m'ont tué

C'est eux en avalanche m'ont écrasé
Cassé en éclats comme du bois

Rompu mes nerfs comme un câble de fil de fer
Qui se rompt net et tous les fils en bouquet fou
Jaillissent et se recourbent, pointes à vif

Ont émietté ma défense comme une croûte sèche
Ont égrené mon cœur comme de la mie
Ont tout éparpillé cela dans la nuit

Ils ont tout piétiné sans en avoir l'air,
Sans le savoir, le vouloir, sans le pouvoir,
Sans y penser, sans y prendre garde
Par leur seul terrible mystère étranger
Parce qu'ils ne sont pas à moi venus m'embrasser

Ah ! dans quel désert faut-il qu'on s'en aille
Pour mourir de soi-même tranquillement.

[IDENTITÉ]

Identité
Toujours rompue

Le pas étrange de notre cœur
Nous rejoint à travers la brume
On l'entend
    quel drôle de cadran

Le nœud s'est mis à sentir
Les tours de corde dont il est fait

Une chambre avec meubles
Le cadran sur la console
Tout cela fait partie de la chambre
On regarde par la fenêtre
On vient s'asseoir à son bureau
On travaille
On se repose
Tout est tranquille

Tout à coup : tic tac
L'horloge vient nous rejoindre par les oreilles
Vient nous tracasser par le chemin des oreilles
Il vient à petits coups
Tout casser la chambre en morceaux

On lève les yeux ; l'ombre a bougé la
cheminée
L'ombre pousse la cheminée
Les meubles sont tout changés

Et quand tout s'est mis à vivre tout seul
Chaque morceau étranger
S'est mis à contredire un autre

Où est-ce qu'on reste
Qu'on demeure
Tout est en trous et en morceaux.

[UN POÈME A CHANTONNÉ TOUT LE JOUR]

Un poème a chantonné tout le jour
    Et n'est pas venu
On a senti sa présence tout le jour
    Soulevante
Comme une eau qui se gonfle
    Et cherche une issue
Mais cela s'est perdu dans la terre
    Il n'y a plus rien

On a marché tout le jour comme des fous
Dans un pressentiment d'équilibre
Dans une prévoyance de lumière possible
Comme des fous tout à coup attentifs
À un démêlement qui se fait dans leur cerveau
À une sorte de lumière qui veut se faire
Comme s'ils allaient retrouver ce qui leur manque
La clef du jour et la clef de la nuit
Mais ils s'affolent de la lenteur du jour à naître
Et voilà que la lueur s'en re-va
S'en retourne dans le soleil hors de vue
Et une porte d'ombre se referme
Sur la solitude plus abrupte
Et plus incompréhensible.

Le silence strident comme une note unique
    qui annihile le monde entier
La clef de lumière qui manque
    au coffre de tous les trésors

[FIGURES À NOS YEUX]

Figures à nos yeux
Figures surgies
À peine
Et qui ne quittez pas encore l'ombre
Quel désir vous attire
À percer l'ombre
Et quelle ombre vous retire
Évanescentes à nos yeux

Figures balancées
Aux confins du visible et qui surgissez
En un jeu de vous voiler et dévoiler
Vous venez mourir ici sur le bord
                    d'un sourire imaginaire
Et nous envelopper dans la chaleur de votre
                    gravité
Balancement entre l'apparence et l'adieu
Vous nous quittez et vos yeux n'auront pas regardé
Mais nous serons tombés dedans comme dans la nuit.

[MES PAUPIÈRES EN SE LEVANT]

Mes paupières en se levant ont laissé vides mes yeux
Laissé mes yeux ouverts dans une grande solitude
Et les serviteurs de mes yeux ne sont pas allés
Mes regards ne sont pas allés comme des glaneuses
Par le monde alentour
Faire des gerbes lourdes de choses
Ils ne rapportent rien pour peupler mes yeux déserts
Et c'est comme exactement s'ils étaient demeurés en dedans
Et que la porte fût restée fermée.

MA SOLITUDE N'A PAS ÉTÉ BONNE

Ma solitude au bord de la nuit
N'a pas été bonne
Ma solitude n'a pas été tendre
À la fin de la journée au bord de la nuit
Comme une âme qu'on a suivie sans plus attendre
L'ayant reconnue pour sœur

Ma solitude n'a pas été bonne
Comme celle qu'on a suivie
Sans plus attendre choisie
Pour une épouse inébranlable

Pour la maison de notre vie
Et le cercueil de notre mort
Gardien de nos os silencieux
Dont notre âme se détacha.

Ma solitude au bord de la nuit
N'a pas été cette amie
L'accompagnement de cette gardienne

La profondeur claire de ce puits
Le lieu de retrait de notre amour
Où notre cœur se noue et se dénoue
Au centre de notre attente

Elle est venue comme une folie par surprise
Comme une eau qui monte
Et s'infiltre au-dedans
Par les fissures de notre carcasse
Par tous les trous de notre architecture
Mal recouverte de chair
Et qui laissent ouverte
Les vers de notre putréfaction.

Elle est venue une infidélité
Une fille de mauvaise vie
Qu'on a suivie
Pour s'en aller
Elle est venue pour nous ravir
Dans le cercle de notre lâcheté
Et nous laisser désemparés
Elle est venue pour nous séparer.

Alors l'âme en peine là-bas
C'est nous qu'on ne rejoint pas
C'est moi que j'ai déserté
C'est mon âme qui fait cette promenade cruelle
Toute nue au froid désert

Durant que je me livre à cet arrêt tout seul
À l'immobilité de ce refus
Penché mais sans prendre part au terrible jeu
À l'exigence de toutes ces petites
Secondes irremplaçables.

[ET CEPENDANT DRESSÉ EN NOUS]

Et cependant dressé en nous
Un homme qu'on ne peut pas abattre
Debout en nous et tournant le dos à la direction
                                   de nos regards
Debout en os et les yeux fixés sur le néant
Dans une effroyable confrontation obstinée et un défi.

[À PROPOS DE CET ENFANT]

À propos de cet enfant qui n'a pas voulu mourir
Et dont on a voulu choyer au moins l'image
    comme un portrait dans un cadre dans un salon
Il se peut que nous nous soyons trompés
        exagérément sur son compte.
Il n'était peut-être pas fait pour le haut sacerdoce
           qu'on a cru
Il n'était peut-être qu'un enfant comme les autres
Et haut seulement pour notre bassesse
Et lumineux seulement pour notre grande ombre
         sans rien du tout
(Enterrons-le, le cadre avec et tout)

Il nous a menés ici comme un écureuil qui nous perd
        à sa suite dans la forêt
Et notre attention et notre ruse s'est toute gâchée
    à chercher obstinément dans les broussailles
Nos yeux se sont tout énervés à chercher son saut ici et là
        dans les broussailles à sa poursuite.

Toute notre âme s'est perdue à l'affût
  de son passage (qui nous a) perdus
Nous croyions découvrir le monde nouveau
        à la lumière de ses yeux
Nous avons cru qu'il allait nous ramener
    au paradis perdu.

Mais maintenant enterrons-le, au moins le cadre
                                    avec l'image
Et toutes les tentatives de routes
    que nous avons battues à sa poursuite
Et tous les pièges attrayants que nous avons tendus
                            pour le prendre.

[NOUS AVONS ATTENDU DE LA DOULEUR]

Nous avons attendu de la douleur
Qu'elle modèle notre figure à la dureté magnifique de nos os
Au silence irréductible et certain de nos os
À ce dernier retranchement inexpugnable de notre être
Qu'elle tende à nos os clairement la peau de nos figures
La chair lâche et troublée de nos figures
    qui crèvent à tout moment et se décomposent
Cette peau qui flotte au vent de notre figure, triste oripeau.

[BOUT DU MONDE]

Bout du monde ! Bout du monde ! Ce n'est pas loin !
On croyait au fond de soi faire un voyage à n'en plus finir
Mais on découvre la platitude de la terre
      La terre notre image
Et c'est maintenant le bout du monde cela
      Il faut s'arrêter
      On en est là

Il faut maintenant savoir entreprendre le pèlerinage
Et s'en retourner à rebrousse pas de notre venue
Avec le dépit à nos trousses de cette déconvenue
Et s'en retourner à contre-courant de notre mirage
Sans tourner la tête aux nouvelles voix de notre richesse
On a déjà trop attendu au bord d'un arrêt tout seul
On a déjà perdu trop de cœur à s'arrêter.

Nous groupons alentour de l'espace de ce que nous
                      n'avons pas
La réalité définitivement acceptable de ce que nous
                      pourrions avoir
Des colonies et des possessions et toute une ceinture d'îles
Faites à l'image et amorcées par ce point au milieu
      central de ce que nous n'avons pas
      Qui est le désir

AUTRE ICARE

Cela tient du vent, cela tient au vent.
Cela n'est qu'un accroc que l'on fait au passage,
Un nœud que l'on fait au fil fugace du temps

Et nous sentons bien qu'à travers ce mince filet qu'on a fait,
Ces faibles appuis qu'on a pris sur le cours de notre en-allée
Et ces liens ingénieux tendus à travers des espaces trop vides,

Il n'y a qu'un cri au fond qui persiste,
Il n'y a qu'un cri d'un lien persistant

Où les tiges des fruits sont déjà rompues,
Tes attaches des fleurs et pétales de fleurs sont déjà rongés,
Où ces ailes de plume de notre cœur de cire sont déjà
                                         détachées
Et plumes au vent, plumes flottant au vent par-dessus cette
                                         noyade
    Sans port d'attache.

MONDE IRRÉMÉDIABLE DÉSERT

Dans ma main
Le bout cassé de tous les chemins

Quand est-ce qu'on a laissé tomber les amarres
Comment est-ce qu'on a perdu tous les chemins

La distance infranchissable
Ponts rompus
Chemins perdus

Dans le bas du ciel, cent visages
Impossibles à voir
La lumière interrompue d'ici là
Un grand couteau d'ombre
Passe au milieu de mes regards

De ce lieu délié
Quel appel de bras tendus
Se perd dans l'air infranchissable

La mémoire qu'on interroge
A de lourds rideaux aux fenêtres
Pourquoi lui demander rien ?
L'ombre des absents est sans voix
Et se confond maintenant avec les murs
De la chambre vide.

Où sont les ponts les chemins les portes
Les paroles ne portent pas
La voix ne porte pas

Vais-je m'élancer sur ce fil incertain
Sur un fil imaginaire tendu sur l'ombre
Trouver peut-être les visages tournés
Et me heurter d'un grand coup sourd
Contre l'absence

Les ponts rompus
Chemins coupés
Le commencement de toutes présences
Le premier pas de toute compagnie
Gît cassé dans ma main.

[APRÈS TANT ET TANT DE FATIGUE]

Après tant et tant de fatigue
Espoir d'un sommeil d'enfant

Un repos enfin meilleur
Après tous les sommeils noirs
Un bon repos nous invite

Ce soir à la fraîcheur des draps
La blancheur de l'oreiller
À l'abandon de la nuit

Au bonheur de s'endormir
Le cœur déjà délié
L'âme déjà allégée

Misérable dépaysé
Par le bonheur d'aller dormir

Non plus le plongeon de rage dans le noir
Non plus la fin du courage
Non plus la mort au mirage
Désespoir

Ma misère est effacée
Mais qui nous a visité
Et comment renouvelé

Pour que nous retrouvions ce soir
Confiance et la chaleur
De s'endormir en oiseau
D'être enfant pour s'endormir
Dans la fraîcheur de son lit
Dans la bonté protectrice
Qui flotte deux dans le noir

Qui nous a renouvelé
Sainte Vierge ? Mes souliers
Sont sous mon lit doucement

Qui nous a tout récemment
Retourné si simplement
Tout faux détour effacé
Reposé si simplement
En ce lieu d'être un enfant
Qui s'endort doux et confiant

S'endormir à cœur ouvert
Mince feuille, endroit, envers
De s'en aller en sommeil
En musique de sommeil
Par ondes qui nous pénètre
Simplement et bonnement
Comme on s'en irait au ciel.

TEXTES NON DATÉS

[APRÈS LES PLUS VIEUX VERTIGES]

Après les plus vieux vertiges
Après les plus longues pentes
Et les plus lents poisons
Ton lit certain comme la tombe
Un jour à midi
S'ouvrait à nos corps faiblis sur les plages
Ainsi que la mer.

Après les plus lentes venues
Les caresses les plus brûlantes
Après ton corps une colonne
Bien claire et parfaitement dure
Mon corps une rivière étendue et dressé pur jusqu'au bord
de l'eau.

Entre nous le bonheur indicible
D'une distance
Après la clarté du marbre
Les premiers gestes de nos cris
Et soudain le poids du sang
S'écroule en nous comme un naufrage
Le poids du feu s'abat sur notre cœur perdu

Après le dernier soupir
Et le feu a chaviré l'ombre sur la terre
Les amarres de nos bras se détachent
pour un voyage mortel

Les liens de nos étreintes tombent d'eux-mêmes
            et s'en vont à la dérive sur notre couche
Qui s'étend maintenant comme un désert
Tous les habitants sont morts
Où nos yeux pâlis ne rencontrent plus rien
Nos yeux crevés aux prunelles de notre désir
Avec notre amour évanoui comme une ombre
                                    intolérable
Et nous sentions notre isolement s'élever
                        comme un mur impossible

Sous le ciel rouge de mes paupières
Les montagnes
Sont des compagnes de mes bras
Et les forêts qui brûlent dans l'ombre
Et les animaux sauvages
Passant aux griffes de tes doigts
Ô mes dents
Et toute la terre mourante étreinte

Puis le sang couvrant la terre
Et les secrets brûlés vifs
Et tous les mystères déchirés
Jusqu'au dernier cri la nuit est rendue

C'est alors qu'elle est venue
Chaque fois
C'est alors qu'elle passait en moi
Chaque fois
Portant mon cœur sur sa tête
Comme une urne restée claire.

[L'AVENIR NOUS MET EN RETARD]

L'avenir nous met en retard
Demain c'est comme hier on n'y peut pas toucher
On a la vie devant soi comme un boulet lourd
                                    aux talons
Le vent dans le dos nous écrase le front contre l'air

    On se perd pas à pas
    On perd ses pas un à un
    On se perd dans ses pas
    Ce qui s'appelle des pas perdus

Voici la terre sous nos pieds
Plate comme une grande table
Seulement on n'en voit pas le bout
(C'est à cause de nos yeux qui sont mauvais)

On n'en voit pas non plus le dessous
D'habitude
Et c'est dommage
Car il s'y décide des choses capitales
À propos de nos pieds et de nos pas
C'est là que se livrent des conciliabules géométriques
Qui nous ont pour centre et pour lieu
C'est là que la succession des points devient une ligne
Une ficelle attachée à nous
Et que le jeu se fait terriblement pur
D'une implacable constance dans sa marche
                          au bout qui est le cercle
    Cette prison.

Vos pieds marchent sur une surface dure
Sur une surface qui vous porte comme un empereur
Mais vos pas à travers tombent dans le vide
                              pas perdus

Font un cercle
        et c'est un point
On les place ici et là, ailleurs,
        à travers vingt rues qui se croisent
Et l'on entend toc toc sur le trottoir
        toujours à la même place
Juste au-dessous de vos pieds

Les pas perdus tombent sous soi dans le vide
        et l'on croit qu'on ne va plus les rencontrer
On croit que le pas perdu c'est donné une fois
        pour toutes perdu une fois pour toutes
Mais c'est une bien drôle de semence
Et qui a sa loi
Ils se placent en cercle et vous regardent avec ironie
Prisonnier des pas perdus.

[LES CILS DES ARBRES]

Les cils des arbres au bord de ce grand œil de la nuit
Des arbres cils au bord de ce grand œil la nuit
Les montagnes des grèves autour de ce grand lac calme
                             le ciel la nuit
Nos chemins en repos maintenant dans leurs creux
Nos champs en reposoir
   avec à peine le frisson passager
dans l'herbe de la brise
Nos champs calmement déroulés sur cette profondeur
                  brune chaude et fraîche de la terre
Et nos forêts ont déroulé leurs cheveux
                       sur les pentes...

[ET JE PRIERAI TA GRÂCE]

Et je prierai ta grâce de me crucifier
Et de clouer mes pieds à ta montagne sainte
Pour qu'ils ne courent pas sur les routes fermées
Les routes qui s'en vont vertigineusement
De toi
Et que mes bras aussi soient tenus grands ouverts
À l'amour par des clous solides, et mes mains
Mes mains ivres de chair, brûlantes de péché,
Soient, à te regarder, lavées par ta lumière
Et je prierai l'amour de toi, chaîne de feu,
De me bien attacher au bord de ton calvaire
Et de garder toujours mon regard sur ta face
Pendant que reluira par-dessus ta douleur
Ta résurrection et le jour éternel.

[ET MAINTENANT]

Et maintenant quand est-ce que nous avons
                mangé notre joie
Toutes les autres questions en ce moment ont fermé
                la bouche de leur soif
Et l'on n'entend plus que celle-là qui reste
                persistante et douloureuse
Comme un souvenir lointain qui nous déchire jusqu'ici
Cette promesse et cette espèce d'entrevue avec
                la promise
Et maintenant que nous nous sommes déchirés
                un sillon jusqu'ici,
Jusqu'où nous en sommes
Cette question nous rejoint
Et nous emplit de sa voix de désespoir
Quand est-ce que nous avons mangé notre joie
Où est-ce que nous avons mangé notre joie
Qui est-ce qui a mangé notre joie
Car il y a certainement un traître parmi nous
Qui s'est assis à notre table quand nous nous sommes
                assis tant que nous sommes
Tant que nous étions
Tous ceux qui sont morts de cette espèce de caravane
                qui a passé
Tous les enfants et les bons animaux de cette journée
                qui sont morts
Et tous ceux maintenant lourds aux pieds qui continuent
    à s'acheminer dans cette espèce de rêve aux mâchoires
                    fermées

Et dans cette espèce de désert de la dernière aridité
Et dans cette lumière retirée derrière un mur
   infranchissable de vide et qui ne sert plus à rien
Parmi tous ceux qui nous sommes assis
   tant que nous étions et tant que nous sommes
(Car nous transportons le poids des morts
                 plus que celui des vivants)
Qui est-ce qui a mangé notre joie parmi nous
Dont ne reste plus que cette espèce de souvenir
              qui nous a déchirés jusqu'ici
Qui est-ce parmi nous que nous avons chacun abrité
Accueilli parmi nous
Retenu parmi nous par une espèce de secrète entente
Ce traître frère que nous avons reconnu pour frère
   et emmené avec nous dans notre voyage d'un
   commun accord
Et protégé d'une complicité commune
Et suivi jusqu'à cette extrémité que notre joie
             a été toute mangée
Sous nos yeux sans regarder
Et qu'il ne reste plus que cette espèce de souvenir
             qui nous a déchirés jusqu'ici
Et cet illusoire désespoir qui achève de crever
        dans son lit.

[FAIBLE ORIPEAU]

Faible oripeau à tous les vents qui nous trahit
Qu'elle l'assujettisse décidément
    à la forme certaine de nos os clairs.

Mais la douleur fut-elle devancée
Est-ce que la mort serait venue secrètement
    faire son nid dans nos os mêmes
Aurait pénétré, corrompu nos os mêmes
Aurait élu domicile dans la substance même de nos os
Parmi nos os
De sorte qu'arrivée là après toute la chair traversée
Après toutes les épaisseurs traversées
    qu'on lui avait jetées en pâture
Après toutes ces morsures dans notre chair molle
    et comme engourdie
La douleur ne trouve pas non plus
    de substance ferme à quoi s'attaquer
De substance ferme à quoi s'agripper
    d'une poigne ferme
Densité à percer d'un solide aiguillon
Un silence solide à chauffer à blanc
Une sensibilité essentielle et silencieuse
    à torturer sans la détruire

Mais elle ne rejoint encore qu'une surface qui s'effrite
Un édifice poreux qui se dissout
Un fantôme qui s'écroule et ne laisse plus que poussière.

[LEUR CŒUR EST AILLEURS]

Leur cœur est ailleurs
Au ciel peut-être
Elles errent ici en attendant
Mon cœur est parmi d'autres astres parti
Loin d'ici
Et sillonne la nuit d'un cri que je n'entends pas
Quel drame peut-être se joue au loin d'ici ?
        Je n'en veux rien savoir
Je préfère être un jeune mort étendu
Je préfère avoir tout perdu.

Pour chapeau le firmament
Pour monture la terre
Il s'agit maintenant
De savoir quel voyage nous allons faire
Je préfère avoir tout perdu
Je préfère être un jeune mort étendu
Sous un plafond silencieux
À la lumière longue et sans heurt de la veilleuse
Ou peut-être au profond de la mer
Dans une clarté glauque qui s'efface
Durant un long temps sans heures et sans lendemain
De belles jeunes mortes, calmes et soupirantes
Glisseront dans mes yeux leurs formes déjà lointaines

Après avoir baisé ma bouche sans un cri
Avoir accompagné les rêves de mes mains
Aux courbes sereines de leurs épaules
                        et de leurs hanches
Après la compagnie sans cri de leur tendresse
Ayant vu s'approcher leur forme sans espoir
Je verrai s'éloigner leur ombre sans douleur...

[MON DESSEIN]

Mon dessein n'est pas un très bel édifice
    bien vaste, solide et parfait
Mais plutôt de sortir en plein air

Il y a les plantes, l'air et les oiseaux
Il y a la lumière et ses roseaux
Il y a l'eau
Il y a dans l'eau, dans l'air et sur la terre
Toutes sortes de choses et d'animaux
Il ne s'agit pas de les nommer, il y en a trop
Mais chacun sait qu'il y en a tant et plus
Et que chacun est différent, unique
On n'a pas vu deux fois le même rayon
Tomber de la même façon dans la même eau
De la fontaine

Chacun est unique et seul

Moi j'en prends un ici
J'en prends un là
Et je les mets ensemble pour qu'ils se tiennent compagnie

Ça n'est pas la fin de la nuit,
Ça n'est pas la fin du monde !
C'est moi.

[ON N'AVAIT PAS FINI]

On n'avait pas fini de ne plus se comprendre
On avançait toujours à se perdre de vue
On n'avait pas fini de se trouver les plaies
On n'avait pas fini de ne plus se rejoindre
Le désir retombait sur nous comme du feu

Notre ombre invisible est continue
Et ne nous quitte pas pour tomber derrière nous
                                    sur le chemin
On la porte pendue aux épaules
Elle est obstinée à notre poursuite
Et dévore à mesure que nous avançons
La lumière de notre présence

On n'arrive guère à s'en débarrasser
En se retournant tout à coup on la retrouve
                          à la même place
On n'arrive pas à la secouer de soi
Et quand elle est presque sous nous aux alentours de midi
Elle fait encore sous nos pieds
Un trou menaçant dans la lumière.

On n'a pas lieu de se consoler quand la nuit vient
De se tranquilliser d'être soulagé
De regarder avec un sourire autour de soi
Et parce qu'on ne voit plus l'ombre de se croire libéré

C'est seulement qu'on ne la voit plus
Sa présence n'est plus éclairée
Parce qu'elle a donné la main à toutes les ombres
Nous ne sommes plus qu'une petite lumière enfermée
Qu'une petite présence intérieure dans l'absence
                                        universelle
Et l'appel de nos yeux ne trouve point d'écho
Dans le silence de l'ombre déserte

On passe en voyage au soleil
On est un passage vêtu de lumière
Avec notre ombre à nos trousses comme un chacal
Qui mange à mesure notre mort

Avec notre ombre à nos trousses comme une absence
Qui boit à mesure notre lumière

Avec notre absence à nos trousses comme une fosse
Un trou dans la lumière sur la route
Qui avale notre passage comme l'oubli.

On s'est tous réunis dans le milieu du temps
On a tout réuni dans le milieu de l'espace

Bien moins loin du paradis que d'habitude
On s'est tous réunis pour une grande fête
Et l'on a demandé à Dieu le Père et Jésus-Christ
Et au Saint-Esprit qui est la Troisième Personne

On leur a demandé d'ouvrir un peu le Paradis
De se pencher et de regarder
Voir s'ils reconnaissaient un peu le monde
Si cela ressemblait un peu à l'idée qu'ils en ont
Si ce n'était pas bien admirable ce qu'ils en ont fait

Ceux qui sont venus avec une âme du bon Dieu
Avec des yeux du Bon Dieu
Pour faire un bouquet pur avec le monde

Ils ont tout resacré les mots qu'on avait foutus
Ils ont tout retrouvé les voix qu'on avait perdues
Ils ont rejoint le vent avec son chant
Ils ont ramassé l'arbre qu'on a vu
Ils sont allés glaner dans les limbes
La paille d'or des moments inaltérables
Qui sont une fois nés ici comme une musique étrangère
Mais qui n'ont pas voulu mourir
Bondir de leur lumière hors du temps
Mais qui n'avaient pas trouvé leur repos

La parfaite offrande de leur corps pour l'éternité
Et qui restent en suspens sous la garde des anges suspendus

Voilà qu'ils sont venus nous ont reconnus
Et leur reconnaissance nous a lavés
Voilà qu'ils ont reconnu tout le monde
Et ils nous ont offert le monde reconnaissable

Alors quand ils ont eu lavé toutes les choses de la terre
Et que leurs yeux ont eu fait la terre un jardin-pré
Un pré de fleurs avec la présence de tout le ciel au-dessous
Quand ils ont eu ramassé tout ce qui était perdu
Toutes les choses délaissées
Quand ils ont eu lavé tout ce qui fut sali

La terre était dans l'ombre et mangeait ses péchés ;
On était à s'aimer comme des bêtes féroces
La chair hurlait partout comme une damnée
Et des coups contre nous et des coups entre nous
Résonnaient dans la surdité du temps qui s'épaissit

Voilà qu'ils sont venus avec leur âme du bon Dieu
Voilà qu'ils sont venus avec le matin de leurs yeux
Leurs yeux pour nous se sont ouverts comme une aurore
Voilà que leur amour a toute lavé notre chair
Ils ont fait de toute la terre un jardin pré
Un pré de fleurs pour la visite de la lumière
De fleurs pour la présence de tout le ciel dessus

Ils ont bu toute la terre comme une onde
Ils ont mangé toute la terre avec leurs yeux
Ils ont retrouvé toutes les voix que les gens ont perdues
Ils ont recueilli tous les mots qu'on avait foutus

Le temps marche à nos talons
Dans l'ombre qu'on fait sur le chemin
Tous ceux-là, le temps et l'ombre sont venus
Ils ont égrené notre vie à nos talons
Et voilà que les hommes s'en vont en s'effritant
Les pas de leur passage sont perdus sans retour
Les plus belles présences ont été mangées
Les plus purs éclats furent effacés
Et l'on croit entendre les pas du soir derrière soi
Qui s'avance pour nous ravir toutes nos compagnies
S'en vient tout éteindre le monde à nos yeux
Qui vient effacer en cercle tout le monde
Vient dépeupler la terre à nos regards
Nous refouler au haut d'un rocher comme le déluge
Et nous prendre au piège d'une solitude définitive
Nous déposséder de tout l'univers

Mais voilà que sont venus ceux qu'on attendait
Voilà qu'ils sont venus avec leur âme du bon Dieu
Leurs yeux du bon Dieu
Qu'ils sont venus avec les filets de leurs mains
Le piège merveilleux de leurs yeux pour filets
Ils sont venus par-derrière le temps et l'ombre
Aux trousses de l'ombre et du temps
Ils ont tout ramassé ce qu'on avait laissé tomber.

[QUITTE LE MONTICULE]

Quitte le monticule impossible au milieu
Et le manteau gardant le silence des os
Et la grappe du cœur enfin désespéré
Où pourra maintenant s'incruster cette croix
À la place du glaive acide du dépit
À l'endroit pratiqué par le couteau fixé
Dont le manche remue un mal encore aigu
Chaque fois que ta main se retourne vers toi
Où s'incruste la croix avec ses bras de fer
Comme le fer qu'on cloue à l'écorce d'un arbre
Qui blesse la surface, mais la cicatrice
De l'écorce bientôt le submerge et le couvre
Et plus tard le fil dur qui blessait la surface
On le voit assuré au bon centre du tronc
C'est ainsi que la croix sera faite en ton cœur
Et la tête et les bras et les pieds qui dépassent
Avec le Christ dessus et nos minces douleurs.

Quitte le monticule impossible au milieu
Place-toi désormais aux limites du lieu
Avec tout le pays derrière tes épaules
Et plus rien devant toi que ce pas à parfaire
Le pôle repéré par l'espoir praticable
Et le cœur aimanté par le fer de la croix.

Mon cœur cette pierre qui pèse en moi
Mon cœur pétrifié par ce stérile arrêt
Et regard retourné vers les feux de la ville
Et l'envie attardée aux cendres des regrets
Et les regrets perdus vers les pays possibles

Ramène ton manteau, pèlerin sans espoir
Ramène ton manteau contre tes os
Rabats tes bras épars de bonheurs désertés

Ramène le manteau de ta pauvreté contre tes os
Et la grappe séchée de ton cœur pour noyau
Laisse un autre à présent en attendrir la peau

Quitte le monticule impossible au milieu
D'un pays dérisoire et dont tu fis le lieu
De l'affût au secret à surprendre de nuit
Au secret d'un mirage où déserter l'ennui.

SAINT-DENYS GARNEAU *
Chronologie établie par Benoît Lacroix

1663 — 23 juillet : Louis Garneau (venu du Poitou à Québec en 1655) épouse Marie Mazoué, native de La Rochelle (France).

1689 — 7 février : François Garneau (fils de Louis) épouse Louise Carreau.

1718 — 7 novembre : François (fils du précédent) épouse Marie Quentin (Cantin).

1751 — 30 janvier : Jacques Garneau (fils de François) épouse Marie Charlotte de la Rue.

1776 — Jacques Garneau (fils du précédent) épouse Geneviève Laisné (dit Laliberté).

1806 — 25 juillet : François-Xavier Garneau (fils de Jacques) épouse Gertrude Amiot (dit Villeneuve).

1835 — 25 août : François-Xavier (fils du précédent), historien, né en 1809, épouse Esther Bilodeau.

1836 — Naissance d'Alfred Garneau, poète, fils de François-Xavier ; épouse vers 1870 Élodie Globensky.

1876 — À Ottawa, naissance de Paul, fils d'Alfred et père de l'auteur.

1885 — Naissance à Québec de Hermine Prévost, mère de l'auteur.

1904 — Mort d'Alfred Garneau.

1910 — 25 avril : Paul Garneau épouse à Montréal Hermine Prévost, fille du lieutenant-colonel Oscar Prévost et de Louise Juchereau-Duchesnay.

1911 — 6 mars : naissance à Montréal de Pauline, sœur de Saint-Denys.

1912 — 13 juin : naissance à Montréal, 64, rue Saint-Luc, de Hector de Saint-Denys Garneau. - 14 juin :

---

* Une nouvelle édition critique des *Œuvres* de Saint-Denys Garneau est actuellement en préparation à Montréal aux éditions Fides. Cette édition complètera et précisera au besoin la présente chronologie.

extrait du registre des baptêmes faits à la Basilique-Cathédrale de Montréal : « Le quatorze juin 1912, nous, prêtre soussigné, avons baptisé Hector de St Denys, né hier, fils légitime de Paul Garneau, banquier, et de Hermine Prévost de cette paroisse. Le parrain a été Hector Prévost, colonel, et la marraine Élodie Garneau, épouse de Robert Archer, qui ont signé avec nous ainsi que le père. Lecture faite. (Signé) Élodie G. Archer, Hector Prévost, Paul Garneau, Élie J. Auclair, ptre. »

1915 — 25 septembre : à Westmount, naissance de Paul, frère de Saint-Denys.

1916-1922 — Saint-Denys habite avec ses parents le manoir ancestral (1830) du sénateur Antoine Juchereau-Duchesnay, arrière-grand-père de Saint-Denys Garneau, à Sainte-Catherine de Fossambault, comté de Portneuf (40 kilomètres au nord-ouest de Québec).

1922 — La famille Garneau va vivre à Québec. Naissance (5 avril) d'un autre frère, Jean. - En septembre, élève au Couvent du Bon Pasteur.

1923 — Quitte le couvent en mars. Au printemps : retour à Montréal avec ses parents (353, rue Olivier, Westmount). - En septembre : commence son cours secondaire chez les Pères Jésuites au Collège Sainte-Marie de Montréal : élève en Éléments français « A ».

1924 — septembre : étudiant au Loyola High School (sous la direction des Pères Jésuites de langue anglaise). Étudie aussi à l'École des Beaux-Arts de Montréal, d'abord le jour, puis le soir.

1925 — juin : obtient un deuxième prix et une médaille de bronze de l'École des Beaux-Arts ; promu au cours supérieur. - En septembre : encore au Loyola High School.

1926 — janvier : concours littéraire parmi les enfants de Montréal, organisé par la maison Henry Morgan. Deux sections, l'une anglaise, l'autre française, et plus de 1 500 concurrents : de Saint-Denys

Garneau remporte le premier prix à la section française avec *Dinosaurus*. - septembre : étudiant au Collège Sainte-Marie. Suit des cours de dessin.

1927 — août : suit les cours de M.E. Denis (18, rue Bayle, Montréal), professeur de langues. - Retour au Collège Sainte-Marie : en Méthode « C », avec un professeur jésuite, le père Charles Saint-Arnaud. – novembre : écrit *l'Angélus de Millet,* publié dans *la Revue scientifique et artistique* (revue locale), n° 10, décembre, p. 20-21. - Quitte le Collège Sainte-Marie, s'inscrit au Collège Brébeuf ; faute de loisirs, quitte aussi, et non sans regrets, l'École des Beaux-Arts de Montréal.

1928 — janvier : *les Disciples d'Emmaüs,* dans *la Revue scientifique et artistique,* n° 11, p. 37 ; *l'Automne, ibid.* Suit des cours privés. - février : *les Dernières Cartouches par de Neuville, ibid.,* n° 12, p. 28-30. - 10 mars : rencontre Françoise Charest. - mars : *Adrienne Lecouvreur, ibid.,* n° 13, p. 27. - avril : *Au sujet des articles de monsieur Décarie et de monsieur Laurendeau, ibid.,* n° 14, p. 29-32. - mai : *la Vieille Roue du moulin, ibid.,* n° 15, p. 16-17. - 7 mai : *Notes pour mes mémoires.* - 6 octobre : Premier prix du concours de poésie de l'Association des auteurs canadiens (500 concurrents) avec *Automne.* - Élève-pensionnaire au Collège Jean-de-Brébeuf : en Versification, avec le père Aurélien Demers ; quitte le collège pour cause de maladie. - novembre : *Viens.*

1929 — janvier : aurait repris ses études au Collège Sainte-Marie ; *l'Automne.* - février : *Agonie.* - 19 mars : *l'Automne* dans *la Presse,* p. 7 ; prix du Poetry Group Canadian Authors Association (Montreal Branch). - juin : *l'Automne,* et photo de la classe de Versification dans l'Album-souvenir du Collège Sainte-Marie (14e Souvenir annuel), Montréal, 1929, p. 84. - septembre : au Collège Jean-de-Brébeuf, suit les cours de Versification avec le père Lucien Hardy.

1930 — janvier : *De livres en livres* dans *la Revue scientifique et artistique,* n° 22, p. 2-4 ; *Prière, ibid.* - avril : *l'Exposition du printemps à la Galerie des Beaux-Arts, ibid.,* n° 25, p. 7-11. - Du 9 au 19 août : voyage à North Hatley. - novembre : *Venise, ibid.,* n° 27, p. 12. - décembre : *le Dormeur de Louis Veuillot* et *l'Élixir du Père Gaucher, ibid.,* n° 28, p. 15-20. - septembre : étudiant de Belles-Lettres au Collège Sainte-Marie de Montréal, avec le père Georges-Henri d'Auteuil.

1931 — janvier : *À Virgile, ibid.,* n° 29, p. 30-31 ; *Noël, ibid.* - Rédacteur artistique des *Cahiers canadiens* (revue locale). - *Haec olim...* et *À Virgile,* dans l'Album-souvenir du Collège Sainte-Marie, Montréal, 1931. - septembre : étudiant au Collège Sainte-Marie. Premier semestre, élève de Rhétorique et cours du père Jacques Cousineau, S.J. - 21 novembre : *la Vie moderne,* dans *Nous,* p. 19-22.

1932 — janvier : en Belles-Lettres, avec le père Bernard Nadeau. - février : quitte le Collège Sainte-Marie (il n'y reviendra qu'au début de l'année scolaire suivante, en septembre de nouveau. En Rhétorique, avec le père Cousineau).

1933 — Première Philosophie, Collège Sainte-Marie ; ses professeurs : Honorius Raymond, Vincent Monty et Lucien Matte, jésuites ; *l'Éloquence,* dans *Nous* (revue locale), p. 3 ; *Démosthène, ibid.,* p. 4.

1934 — Expose à la Galerie des Arts de Montréal. Fondation de *la Relève* qui groupe plusieurs confrères et amis. - mai : *l'Art spiritualiste,* dans *la Relève,* 3e cahier, 1re série, p. 39-43. - octobre : *le Déserteur de Claude-Henri Grignon, ibid.,* 5e cahier, 1ère série, p. 112-117. - 31 décembre : *Noël-impressions,* dans *le Semeur,* n° 4, p. 85-88.

1935 — 30 janvier-1er octobre : *Cahier IV du Journal.* - octobre 1935-avril 1936 : *Cahier V du Journal.* - 30 novembre : *À propos d'une conférence-*

audition, dans *la Renaissance,* n° 24, p. 9.
- novembre 1935-juin 1936 : *Alphonse de Châteaubriant,* dans *la Relève,* 3ᵉ cahier, 2ᵉ série, p. 74-77 ; 6ᵉ cahier, 2ᵉ série, p. 166-171 ; 7ᵉ cahier, 2ᵉ série, p. 206-214 ; 9ᵉ et 10ᵉ cahiers, 2ᵉ série, p. 253-260. - décembre : *Chronique des beaux-arts, ibid.,* 4ᵉ cahier, 2ᵉ série, p. 125-128.

1936 — janvier : *Chronique des beaux-arts : Louis Muhlstock,* dans *la Relève,* 5ᵉ cahier, 2ᵉ série, p. 158-160. - 1ᵉʳ juin-fin d'année : *Cahier VI du Journal.* - décembre : *Peintres français à la Galerie Scott,* dans *la Relève,* 2ᵉ cahier, 3ᵉ série, p. 45-50 ; *les Saules, ibid.,* p. 55 ; *les Pins, ibid.,* p. 56 ; *Accompagnement, ibid.,* p. 57.

1937 — janvier : *Maison fermée,* dans *les Idées,* p. 59-60. -janvier-octobre : *Cahier VII du Journal.* - 8 janvier: *Qu'est-ce qu'on peut pour notre ami,* dans *le Canada,* vol. 34, n° 232, p. 2, col. 5. - 13 janvier : *Nous ne sommes pas des comptables, ibid.,* n° 236, p. 2, col. 5. - 28 janvier : *Ma solitude n'a pas été bonne, ibid.,* n° 249, p. 2, col. 3. - janvier-février : *Monologue fantaisiste sur le mot,* dans *la Relève,* cahier 3, 3ᵉ série, p. 71-73 ; *Cantilènes, ibid.,* p. 83-89. - mars : *Regards et jeux dans l'espace,* Montréal, Éd. Montréal) ; à la 54ᵉ exposition du printemps (18 *dans l'espace*), dans *En Avant* (Saint-Hyacinthe), p. 3, col. 1-3. - printemps : Garneau expose à la Galerie des Arts de Montréal : *la Butte rousse* (12,5 x 11,5 pouces. Signé : *St-D-Garneau,* mais non daté. Collection de M. et Mᵐᵉ Paul Garneau, Montréal) ; à la 54ᵉ exposition du printemps (18 mars-11 avril) au Musée des Beaux-Arts de Montréal : n° 118, *Ciel en automne.* - Fin mars : se retire quelques jours à la Trappe d'Oka. - 2 juillet, quitte Montréal à bord de l'*Ascania* ; 12 juillet : arrive à Southampton (Angleterre) ; vendredi 16 juillet : à Toulouse, à Lourdes ; dimanche 18 juillet : Paris, Chartres ; 23

juillet : quitte Le Havre à bord de l'*Aurania,* arrive à Québec le 31 juillet au soir.

1938 — 29 janvier-22 janvier 1939 : *Cahier VIII du Journal.* - février : *les Cahiers des poètes catholiques : Hymnes à l'Église, le Don de la Passion et Saint Élie de Gueuce, le Débauché,* dans *l'Action nationale,* nº 11, p. 135-142.

1939 — janvier : « *Regards et jeux dans l'espace* », article de Maurice Hébert, publié dans *le Canada français,* vol. XXVI, p. 464-477. - Fin août : voyage aux États-Unis.

1940 — 12 juillet : voyage en bateau : Québec-Saguenay.

1942 — Marcel Dugas, « Saint-Denys Garneau », dans *Approches,* Québec, Éditions du Chien d'Or, p. 79-98.

1943 — Le dimanche 24 octobre : Saint-Denys Garneau succombe à une crise cardiaque à Sainte-Catherine de Fossambault. - Le jeudi 28 octobre : messe de funérailles à l'église Sainte-Catherine ; inhumation au cimetière local.

1944 — février : Maurice Hébert, « Hector de Saint-Denys Garneau », dans *le Canada français,* vol. 31, p. 401-409. - décembre : « Hommage à de Saint-Denys Garneau », dans *la Nouvelle Relève,* vol. III, p. 513-533.

1949 — M.-B. Ellis, *De Saint-Denys Garneau, art et réalisme,* suivi d'un petit dictionnaire poétique, Montréal, Chanteclerc, 197 p. - Robert Élie, « Introduction » aux *Poésies complètes* de Saint-Denys Garneau, Montréal, Fides, p. 11-28. - Saint-Denys Garneau, « Les Solitudes », dans *Poésies complètes,* Montréal, Fides, « Le nénuphar », p. 105-221.

1950 — février : Robert Élie, « *Les Poésies complètes de* Saint-Denys Garneau », dans *Revue dominicaine,* vol. 56, p. 91-103. - juin : Pierre-Louis Flouquet, « Un poète jeté à Dieu : Saint-Denys Garneau », dans le *Journal des poètes,* p. 3. - 7 novembre : *Saint-Denys Garneau, les années de création,*

1935-1936, conférence de Robert Élie, Montréal (Société d'étude et de conférences), 19 feuilles (inédite). - décembre : Jean Blain, « Le drame de Saint-Denys Garneau », dans *Reflets,* p. 17-22. - 8 décembre : *la Poésie canadienne et Saint-Denys Garneau,* conférence de Pierre-Louis Flouquet, à la Tribune poétique de Bruxelles.

1952 — 30 mars : Gilles Marcotte, *le Poète Saint-Denys Garneau,* thèse de maîtrise ès arts, Université de Montréal, 94 p. - 14 juillet : Pierre Emmanuel, causerie radiophonique. - 5 octobre : G. Cartier, *Bio-bibliographie de Saint-Denys Garneau,* Montréal, École des bibliothécaires, 85 p.

1953 — 11 mai : « Soirée Saint-Denys Garneau », présentée au Gésu, par un groupe d'étudiants du Collège Sainte-Marie. - 27 mai : décès de sa mère. - 4 juillet : décès de son père.

1954 — *Journal,* préface de Gilles Marcotte, Montréal, Beauchemin, 270 p. - Frère Lévis Fortier, *le Message poétique de Saint-Denys Garneau,* Ottawa, Éditions de l'Université d'Ottawa, 231 p. - juin : Andrée Désautels, « Saint-Denys Garneau et la musique », dans le *Journal musical canadien,* p. 3 ; Pierre Emmanuel, « Le Journal de Saint-Denys Garneau », *ibid.* - 17 octobre : Albert Béguin, « Solitude canadienne », dans *Gazette de Lausanne.* - novembre : Albert Béguin, « Saint-Denys Garneau [Réduit au squelette] », dans *Esprit,* vol. 22, p. 640-649.

1955 — *Nine Poems by Saint-Denys Garneau from Poésies complètes,* traduction anglaise par Jean Beaupré et Gall Turnbull, miméographiée à Iroquois Falls, Ontario [s.p.].

1956 — été : *Saint-Denys Garneau,* textes choisis et présentés par Benoît Lacroix, Montréal et Paris, Fides, « Classiques canadiens », 96 p.

1957 — Romain Légaré, O.F.M., *l'Aventure poétique et spirituelle de Saint-Denys Garneau,* Montréal, Fides, 1957, 190 p. - Jean Ménard, « Réflexions sur le Journal de Saint-Denys Garneau », dans *De Corneille à Saint-Denys Garneau,* Montréal, Beauchemin, p. 203-214.

1960 — *Saint-Denys Garneau* (Office national du film du Canada) : film de 28 minutes ; scénario : Anne Hébert ; images : Michel Brault ; direction : Louis Portuguais. - mai : Jeanne Lapointe, « Saint-Denys Garneau et l'image géométrique », dans *Cité libre,* mai, p. 26-28 et 32. - Jean Le Moyne, « Saint-Denys Garneau, témoin de son temps », dans *Écrits du Canada français,* vol. VII, p. 9-34 (repris dans *Convergences,* Montréal, H.M.H., 1962, p. 219-241). - David-M. Hayne, « A Forest of Symbols : an Introduction to Saint-Denys Garneau », dans *Canadian Literature,* vol. 3, p. 5-16.

1961 — 4 novembre : Michel van Schendel, « Saint-Denys Garneau, l'homme et le mythe », dans *le Nouveau Journal,* p. 6.

1962 — Robert Élie, « Saint-Denys Garneau », dans *Our Living Tradition,* R.L. McDougall, éd., University of Toronto Press, Fourth Series, p. 77-92. - Gilles Marcotte, *Une littérature qui se fait : essais critiques sur la littérature canadienne-française,* Montréal, H.M.H., p. 140-242. - décembre : Jacques Blais, *Un nouvel Icare* ; *contribution à l'étude de la symbolique dans l'œuvre de Saint-Denys Garneau,* thèse de doctorat, 275 p. - F.R. Scott, *Saint-Denys Garneau - Anne Hébert,* traductions, Vancouver, Klanak Press, 49 p.

1963 — Patricia Eileen Purcell, *le Paysage dans l'œuvre de Saint-Denys Garneau,* thèse, Université Laval, 109 p.

1964 — janvier : Jacques Blais, « Documents pour servir à la bibliographie critique de l'œuvre de Saint-Denys Garneau », dans *Revue de l'Université Laval,* p. 424-438.

1965 — Paul Wyczynski, « Saint-Denys Garneau ou les métamorphoses du regard », dans *Poésie et symbole,* Montréal, Déom, p. 109-146.

1966 — avril : Roland Bourneuf, *Saint-Denys Garneau et ses lectures européennes,* thèse de doctorat ès lettres, 450 p. - Léon Debien, *De Saint-Denys Garneau et François Mauriac,* thèse, Université de Montréal. - Réimpression du *Journal* (Éd. Beauchemin).

1967 — Eva Kushner, *Saint-Denys Garneau,* Paris et Montréal, Seghers et Fides, « Poètes d'aujourd'hui », 192 p. - *Lettres à ses amis,* Montréal, H.M.H., « Constantes », 489 p. - *Saint-Denys Garneau,* 3e éd., Montréal, Fides, « Classiques canadiens ». - janvier-février : Roland Bourneuf, « La publication de *Regards et jeux dans l'espace* », dans *l'Enseignement secondaire,* vol. 46, p. 5-11.

1968 — janvier : Roger Duhamel, « Lettres canadiennes-françaises : les grands départs d'une seule année », dans la *Revue des Deux-Mondes,* vol. 138, p. 241-244. - janvier-février : Léon Debien, « Saint-Denys Garneau et François Mauriac », dans *Liberté,* vol. 10, p. 20-28. - avril : Roland Bourneuf, « Saint-Denys Garneau, lecteur de Baudelaire », dans *Études littéraires,* p. 83-112. - mai-juin : courts articles de J.-P. Vanasse, Édith Mora et Jacques Folch, dans *Liberté,* vol. 10, p. 16-35. - juin : Giselle Huot, « À propos du *Saint-Denys Garneau* d'Eva Kushner », dans *Culture,* vol. 29, p. 133-141. - 18-19 octobre : « Aspects de Saint-Denys Garneau », colloque organisé par le Département d'études françaises de l'Université de Montréal (participants : Gilles Marcotte, Jean-Louis Gagnon, Robert Élie, Fernand Dumont, Jacques Brault, Benoît Lacroix, Roland Bourneuf, Alain Bosquet, Eva Kushner, John Glassco, Gilles Hénault, Gaston Miron, Luc Racine). - Roland Laferrière, *Saint-Denys Garneau, lecteur de Baudelaire,* thèse, Université de Montréal, 115 p. - Réimpression de *Poésies complètes,* Montréal, Fides.

1969 — Robert Élie, « Saint-Denys Garneau à dix-huit ans », dans *Écrits du Canada français,* t. XXV, p. 161-

171. - André Turcotte, « Aspects du langage poétique de Saint-Denys Garneau », dans *Cahiers de Sainte-Marie : voix et images du pays,* vol. II, p. 43-63. - « Hommage à Saint-Denys Garneau », dans *Études françaises,* vol. V, n° 4, p. 457-489. - Jacques Brault, « Saint-Denys Garneau réduit au silence », dans *la Poésie canadienne-française,* Montréal, Fides, « Archives des lettres canadiennes, IV », p. 323-333. - Roland Bourneuf, *Saint-Denys Garneau et ses lectures européennes,* Québec, Les Presses de l'Université Laval, « Vie des lettres canadiennes, 6 », 335 p.

1970 — *Dossiers de documentation sur la littérature canadienne-française,* recueil 8 : *Saint-Denys Garneau,* préparé par Jacques Blais, Montréal, Fides, 8 fascicules, 90 p.

1971 — *Œuvres* de Saint-Denys Garneau, édition critique préparée par Jacques Brault et Benoît Lacroix, Les Presses de l'Université de Montréal, Bibliothèque des lettres québécoises, xxvii/1320 p.

TABLE

REGARDS ET JEUX DANS L'ESPACE

POÈMES RETROUVÉS

Poèmes choisis de Saint-Denys Garneau a été composé en caractères Garamond corps 10 et achevé d'imprimer par Les Ateliers Graphiques Marc Veilleux inc. le vingtième jour du mois de septembre mil neuf cent quatre-vingt-treize pour le compte des Éditions du Noroît au Québec, L'arbre à paroles en Belgique et les Éditions Phi au Luxembourg. L'édition originale comprend 1500 exemplaires.

2e édition: janvier 1995